教師教育テキストシリーズ 4

教育心理学

杉江 修治　編

学文社

■執筆者■

三輪　定宣	千葉大学（名誉教授）	［序］	
＊杉江　修治	中京大学	［第1章1］	
村上　隆	中京大学	［第1章2］	
宮坂　琇子	東海大学（名誉教授）	［第2章1］	
石田　裕久	南山大学	［第2章2］	
中澤　潤	千葉大学	［第2章3］	
伊藤　篤	神戸大学	［第3章1］	
大木　桃代	文教大学	［第3章2］	
髙橋　智	東京学芸大学	［第3章3］	
関田　一彦	創価大学	［第4章1］	
原　奈津子	就実大学	［第4章2］	
安永　悟	久留米大学	［第4章3］	
藤澤　伸介	跡見学園女子大学	［第5章1］	
西口　利文	大阪産業大学	［第5章2］	
鹿内　信善	北海道教育大学札幌校	［第5章3］	
蘭　千壽	千葉大学	［第6章1］	
小石　寛文	神戸学院大学	［第6章2］	

（執筆順／＊印は第4巻編者）

まえがき

　本書は、「教師教育テキストシリーズ」の第4巻として位置づいているように、教育現場を預かる教師および教師をめざす学生を読者として想定した教育心理学の概論書である。したがって、その内容は教育実践と深くかかわりをもつことがらで構成されている。言いかえれば、教育心理学の成果の中から、教育実践者としての教師の資質を高める上で、その有意義性が明らかな内容を取り上げているのである。まだ行方の定まらぬ、最近の教育心理学の関心や動向を展望する本ではない。

　幸いにも、教育心理学の研究の方向づけを担っている有力な方々の参加を得て本書を編集することができた。内容に含まれるさまざまな知見は、研究成果を詰め込んだ倉庫の奥からほこりを払って取り出してきたものを並べただけというような無味なものではなく、新しい成果、観点を十分に織り込んでいただいた。

　教師の資質を高めるためには、児童生徒観、学習指導観、教育評価観、適応観、といった、実践に不可欠な基盤を鍛えていく必要がある。教育心理学は、実証的な手法を用いて、より広く、深い、実践者としての基盤づくりに貢献できる内容をもっている。また、教師の資質のもう一つの側面として、幅広い習得を図ることのできる授業づくり、児童生徒の望ましい変容を促すことのできる生徒指導の進め方など、教育技術を十分身につけているということがある。教育心理学は、技術そのものではないけれども、直ちに技術の工夫に適用できるさまざまな原理を提供することができる。

　教育者としての資質は、教育の目的の追求なども含んだ幅広い領域にわたって問われる。教育心理学は資質向上の有効な窓口である。教育心理学が基礎に置く学問的方法は心理学のそれである。心理学の中心的課題の一つに「学習」がある。教育心理学は、教育に関わる研究をしていくときに、その「学習」研

究から離れる発想をしない。言い換えると、教育心理学の研究は、学習者の学習すなわち学習者の行動変容にその研究の出発点を置いているのである。教育は学習を軸にした問題だという発想が根底にしっかりあるのである。

　この教育心理学の学問的性格は、教育は教師の仕事であり、教師のやりがいであり、教師の考えを注ぎ込むことだというような、教師主体の教育論の見直しを促す。教育のポイントは、学習者としての児童生徒が変わることにあるのであり、教師がいかに活躍し、子どもたちに感謝され慕われるかというところにはないはずである。教師の立場からの教育の追究の重要さは述べるまでもないが、思考がそこで留まってしまったのでは、教育は学習論ではなく、指導論、教師論にとどまってしまう。

　本書は6章、16節で構成した。第1章では、教師にとっての教育心理学の意義を、方法の理解も必要であるという観点を加えて解説した。第2章では、子どもの育ちを発達過程という視点で理解するために、その原理を知的発達、社会的発達に分けて解説した。第3章では、個人差の理解と対応を扱った。特別支援を要する子どもの理解も含めて個人差を捉える視点と、心理的不適応に関する理解と対応について、3つの節に分けて解説した。第4章では、子どもの主体的な学習を促すための「学び」をどう理解すべきか、学習のメカニズムと動機づけに加え、認知心理学の知見を取り入れた知識・スキルの獲得という3つの側面で解説した。第5章は、教育実践との関わりをより深めた章として設定し、学力と教育評価を取り上げ、さらに学習指導の方法を教育心理学の視点から紹介し、授業づくりへの具体的な提案をした。第6章は、教育に重要な影響を与える人間関係の側面を扱った。学級のような学習集団の理解と教師－生徒関係を内容とした。

　本書で扱った内容は、教育実践の基盤を形づくり、実践を効果的に進めるための考え方である。先ずは記述に沿って内容を理解し、次にそれを自らの中で捉え返し、教師としての資質を鍛えるのに生かしていただきたいと願っている。なお、教職をめざす学生諸君のことを考慮し、本書では教育心理学領域の内容をできるだけ偏ることなく選択してあり、採用試験の勉強にも役立つ配慮を加

えていることを付け加えておきたい。

　本書の刊行にいたるまでに，学文社の三原多津夫氏には一方ならぬお世話をいただいた。また，テキストシリーズとしての刊行に際して，シリーズ編集代表の三輪定宣先生をはじめ，各巻の編者の方々との意見交流はきわめて有益であった。ともに深く感謝申し上げたい。

第4巻編者　杉江　修治

目次

まえがき

序　教師と教育学 ———————————————————— 9

第1章　教師と教育心理学 ———————————————— 17

 1　教育心理学はどんな学問か …………………………………… 17

  1　心理学と教育心理学　17
  2　教育心理学は何を提供するか　17
  3　原理探求の意義　18
  4　教育実践に役立つ教育心理学　18
  5　教師の仕事と教育心理学　19

 2　教育心理学の方法 ……………………………………………… 21

  1　科学としての教育心理学　21
  2　心理学研究の枠組み　22
  3　測定の信頼性と妥当性　24
  4　無視できない個人差　25
  5　教育心理学の有用性　26
  6　専門的知識人としての教師のための教育心理学　27

第2章　育ちの理解：発達の過程 ———————————————— 29

 1　発達の原理 ……………………………………………………… 29

  1　発達とは何か　29
  2　発達と環境との関係　33

2 知的発達 …………………………………………………………… 39

- 1 知的発達とは　39
- 2 ピアジェの認知発達段階論　40
- 3 道徳性の発達　47
- 4 言語の発達　49

3 社会的発達 ………………………………………………………… 51

- 1 アタッチメント　51
- 2 仲間関係　54
- 3 自己意識の発達　59
- 4 社会的発達と環境移行　61

第3章　育ちの理解：個人差への対応────────────64

1 個人差の理解 ……………………………………………………… 64

- 1 知能と個人差　64
- 2 パーソナリティ　69

2 適応とカウンセリング …………………………………………… 74

- 1 欲　求　74
- 2 フラストレーションとコンフリクト　75
- 3 不適応の諸相　76
- 4 カウンセリングの理論と方法　79
- 5 学校場面におけるカウンセリング　85

3 特別支援教育のシステム ………………………………………… 87

- 1 学校教育法等の一部改正と特別支援教育の制度化　87
- 2 特別支援教育システムの現状　89
- 3 特別支援教育から特別ニーズ教育への移行の課題　95

第4章 学びの理解：学習の過程 ―― 99

1 動機づけと学習 …………………………………… 99
　1　外発的動機づけ　100
　2　内発的動機づけ　101
　3　ビデオゲームの魅力　104
　4　ビデオゲームから学ぶ　105

2 学習の原理 …………………………………………… 107
　1　学習とは　107
　2　学習のメカニズム　107
　3　社会的学習　110
　4　学習に影響を与える要因　111
　5　記　憶　111

3 知識, スキルの獲得 ………………………………… 115
　1　授業の構成要素　115
　2　知識の種類と構造　116
　3　知識の獲得　118
　4　スキルの獲得　121
　5　主体的な学習　122

第5章 学びの理解：支援の手立て ―― 124

1 学力と教育評価 ……………………………………… 124
　1　学　力　124
　2　教育評価の意義　125
　3　評価の方法　127
　4　評価の種類　129
　5　評価のタキソノミー　131
　6　評価の対象と心理現象　132

　　　　7　テストの実施法　　134

　②　個に応じた学習指導 …………………………………………… 135

　　　　1　ATI（適性処遇交互作用）　　135
　　　　2　プログラム学習　　136
　　　　3　習熟度別指導　　139
　　　　4　完全習得学習　　140
　　　　5　オープン・エデュケーション　　142

　③　主体的学びの授業 ……………………………………………… 144

　　　　1　プロジェクト法　　145
　　　　2　発見学習　　146
　　　　3　有意味受容学習　　148
　　　　4　協同学習　　151

第⑥章　人間関係の理解　　156

　①　学習集団 ………………………………………………………… 156

　　　　1　学習集団の意義　　156
　　　　2　ソシオメトリー　　159
　　　　3　学級集団の構造　　160
　　　　4　学級のダイナミックス　　162
　　　　5　構成的エンカウンター　　163

　②　教師−生徒関係 ………………………………………………… 165

　　　　1　教師−生徒関係の特徴　　165
　　　　2　教師の影響　　166
　　　　3　教師の子ども理解　　171
　　　　4　教師集団の課題　　174

索　引　　177

序　教師と教育学

1　本シリーズの特徴

　この「教師教育テキストシリーズ」は，教師に必要とされる教職教養・教育学の基本知識を確実に理解することを主眼に，大学の教職課程のテキストとして刊行される。

　編集の基調は，教師教育学（研究）を基礎に，各分野の教育学（教育諸科学）の蓄積・成果を教師教育（養成・採用・研修等）のテキストに生かそうとしたことである。その方針のもとに，各巻の編集責任者が，教育学各分野と教師・教職との関係を論じた論稿を執筆し，また，読者の立場から，全巻を通じて次のような観点を考慮した。

① 教育学テキストとして必要な基本的・体系的知識が修得できる。
② 教育諸科学の研究成果が踏まえられ，その研究関心に応える。
③ 教職の責任・困難・複雑さに応え，専門職性の確立に寄与する。
④ 教職，教育実践にとっての教育学の重要性，有用性が理解できる。
⑤ 事例，トピック，問題など，具体的な実践や事実が述べられる。
⑥ 教育における人間像，人間性・人格の考察を深める。
⑦ 子どもの理解・権利保障，子どもとの関係づくりに役立つ。
⑧ 教職員どうしや保護者・住民などとの連帯・協働・協同が促される。
⑨ 教育実践・研究・改革への意欲，能力が高まる。
⑩ 教育を広い視野（教育と教育条件・制度・政策，地域，社会，国家，世界，人類的課題，歴史，社会や生涯にわたる学習，などとの関係）から考える。

　教育学研究の成果を，教師の実践的指導やその力量形成，教職活動全体にど

う生かすかは，教育学界と教育現場の重要な共同の課題であり，本シリーズは，その試みである。企画の性格上，教育諸学会に属する日本教師教育学会会員が多数，執筆しており，将来，医学界で医学教育マニュアル作成や教材開発も手がける日本医学教育学会に類する活動が同学会・会員に期待されよう。

2 教職の専門職制の確立と教育学

近代以降，学校制度の発達にともない，教師の職業が公的に成立し，専門的資格・免許が必要とされ，公教育の拡大とともに養成期間の長期化・高学歴化がすすみ，近年，「学問の自由」と一体的に教職の「専門職」制の確立が国際的趨勢となっている（1966年，ILO・ユネスコ「教師の地位に関する勧告」6，61項）。その基調のもとに教師の専門性，専門的力量の向上がめざされている。

すなわち，「教育を受ける権利」（教育への権利）（日本国憲法第26条，国際人権A規約第13条（1966年））の実現，「個人の尊厳」に基づく「人格の完成」（教育基本法前文・第1条，前掲規約第13条），「人格の全面的発達」（前掲勧告3項），「子どもの人格，才能並びに精神的及び身体的な能力をその可能な最大限度まで発達させる」（1989年，子どもの権利条約第29条）など，国民全体の奉仕者である教師の重要かつ困難な使命，職責が，教職の専門職制，専門的力量の向上，その学問的基礎の確立を必要としているといえよう。とりわけ，「真理を希求する人間の育成を期する」教育において，真理の探究をめざす「学問の自由」の尊重が根幹とされている（教育基本法前文，第2条）。

今日，21世紀の「知識基盤社会」の展望のもとで，平和・人権・環境・持続的開発などの人類的課題の解決を担う民主的市民の形成のため，生涯学習の一環として，高等教育の機会均等が重視され（1998年，ユネスコ「21世紀に向けた高等教育世界宣言」），各国で「教育最優先」が強調されている。その趨勢のもとで各国の教育改革では教職・学校・自治体の自治と責任が増大し，教師は，教育改革の鍵となる人（key actor）として，学校外でも地域社会の教育活動の調整者（co-ordinator），地域社会の変革の代行者（agent）などの役割が期待され

ている（1996年，ユネスコ「教師の地位と役割に関する勧告」宣言，前文）。そのような現代の教職に「ふさわしい学問的・専門的能力を備えた教師を養成し，最も適格の青年を教職に惹きつけるため，教師の教育者のための知的挑戦プログラムの開発・提供」が勧告されている（同1・3・5項）。その課題として，教員養成カリキュラム・授業の改革，年限延長，大学院進学・修学の促進などを基本とする教師の学問的能力の向上方策が重要になろう。

　教職の基礎となる学問の分野は，通常，一般教養，教科の専門教養，教育に関する教職教養に大別され，それらに対応し，大学の教員養成課程では，一般教養科目，専門教育科目，教職科目に区分される。そのうち，教職の専門職制の確立には教職教養，教育学が基礎となるが，各領域について広い学問的知識，学問愛好の精神，真理探究の研究能力，批判的・創造的・共同的思考などの学問的能力が必要とされる。

　教育学とは，教育に関する学問，教育諸科学の総称であり，教育の実践や事実の研究，教育的価値・条理・法則の探究などを課題とし，その成果や方法は，教育の実践や事実の考察の土台，手段として有効に生かすことができる。今日，それは総合的な「教育学」のほか，個別の教育学（○○教育学）に専門分化し多彩に発展し，教職教養の学問的ベースは豊富に蓄積されている。教育研究者は，通常，そのいずれかに立脚して研究活動を行い，その成果の発表，討論，共同・学際的研究，情報交換，交流などの促進のため学会・研究会等が組織されている。現場教師もそこに参加しており，今後，いっそうすすむであろう。教職科目では，教育学の成果を基礎に，教職に焦点化し，教師の資質能力の向上や教職活動との関係が主に論じられる。

　以下，教職教養の基盤である教育学の分野とそれに対応する学会例（全国規模）を挙げ，本シリーズ各巻名を付記する。教職教養のあり方や教育学の分野区分は，「教師と教育学」の重要テーマであるが，ここでは概観にとどめる。

　A．一般的分野
　① 教職の意義・役割＝日本教師教育学会【第2巻・教職論】
　② 教育の本質や理念・目標＝日本教育学会，日本教育哲学会【第1巻・教

育学概論】
③ 教育の歴史や思想＝教育史学会，日本教育史学会，西洋教育史学会，教育思想史学会【第3巻・教育史】
④ 発達と学習＝日本教育心理学会，日本発達心理学会【第4巻・教育心理学】
⑤ 教育と社会＝日本教育社会学会，日本社会教育学会，日本生涯学習学会，日本公民館学会，日本図書館学会，全日本博物館学会【第5巻・教育社会学，第6巻・社会教育】
⑥ 教育と行財政・法・制度・政策＝日本教育行政学会，日本教育法学会，日本教育制度学会，日本教育政策学会，日本比較教育学会【第7巻・教育の法と制度】
⑦ 教育と経営＝日本教育経営学会【第8巻・学校経営】
⑧ 教育課程＝日本カリキュラム学会【第9巻・教育課程】
⑨ 教育方法・技術＝日本教育方法学会，日本教育技術学会，日本教育実践学会，日本協同教育学会，教育目標・評価学会，日本教育工学会，日本教育情報学会【第10巻・教育の方法・技術】
⑩ 教科教育法＝日本教科教育学会，各教科別教育学会
⑪ 道徳教育＝日本道徳教育学会，日本道徳教育方法学会【第11巻・道徳教育】
⑫ 教科外活動＝日本特別活動学会【第12巻・特別活動】
⑬ 生活指導＝日本生活指導学会【第13巻・生活指導】
⑭ 教育相談＝日本教育相談学会，日本学校教育相談学会，日本学校心理学会【第14巻・教育相談】
⑮ 進路指導＝日本キャリア教育学会（旧進路指導学会），日本キャリアデザイン学会
⑯ 教育実習，教職関連活動＝【第15巻・教育実習】
B．個別的分野（例）
① 国際教育＝日本国際教育学会，日本国際理解教育学会

② 障害児教育＝日本特殊教育学会，日本特別支援教育学会
③ 保育・乳幼児教育＝日本保育学会，日本乳幼児教育学会，日本国際幼児学会
④ 高校教育＝日本高校教育学会
⑤ 高等教育＝日本高等教育学会，大学教育学会
⑥ 健康教育＝日本健康教育学会

　人間は「教育的動物」，「教育が人間をつくる」などといわれるように，教育は，人間の発達，人間社会の基本的いとなみとして，人類の歴史とともに存続してきた。それを理論的考察の対象とする教育学のルーツは，紀元前の教育論に遡ることができるが，学問としての成立を著者・著作にみると，近代科学革命を背景とするコメニウス『大教授学』(1657 年) 以降であり，その後のルソー『エミール』(1762 年)，ペスタロッチ『ゲルトルート児童教育法』(1801 年)，ヘルバルト『一般教育学』(1806 年)，デューイ『学校と社会』(1899 年)，デュルケーム『教育と社会学』(1922 年) などは，とりわけ各国に大きな影響を与えた。

　日本では，明治維新の文明開化，近代的学校制度を定めた「学制」(1872 年) を契機に西洋の教育学が移入されたが，戦前，教育と学問の峻別や国家統制のもとでその発展が阻害された。戦後，1945 年以降，憲法の「学問の自由」(第 23 条)，「教育を受ける権利」(第 26 条) の保障のもとで，教育学の各分野が飛躍的に発展し，教職科目・教養の基盤を形成している。

③ 教員免許制度と教育学

　現行教員免許制度は，教育職員免許法 (1949 年) に規定され，教員免許状授与の基準は，国が同法に定め，それに基づき大学が教員養成 (カリキュラム編成とそれに基づく授業) を行い，都道府県が免許状を授与する。同法は，「この法律は，教育職員の免許に関する基準を定め，教職員の資質の保持と向上を図ることを目的とする」(第1条) と規定している。

　その立法者意思は，学問の修得を基礎とする教職の専門職制の確立であり，

現行制度を貫く基本原理となっている。たとえば，当時の文部省教職員養成課長として同法案の作成に当たった玖村敏雄は，その著書で次のように述べている。

「専門職としての医師がこの医学を修めなければならないように，教育という仕事のために教育に関係ある学問が十分に発達し，この学問的基礎に立って人間の育成という重要な仕事にたずさわる専門職がなければならない。人命が尊いから医師の職業が専門職になってき来た。人間の育成ということもそれに劣らず貴い仕事であるから教員も専門職とならなければならない。」「免許状」制は「専門職制の確立」をめざすものである（『教育職員免許法同法施行法解説』学芸図書，1949年6月）。

「大学において一般教養，専門教養及び教職教養の一定単位を履修したものでなければ教職員たるの免許状を与えないが，特に教育を専門職たらしめるものは教職教養である。」（「教職論」『教育科学』同学社，1949年8月）。

現行（1998年改正）の教育職員免許法（第5条別表）は，免許基準として，「大学において修得することを必要とする最低単位数」を定め，その構成は，専門教養に相当する「教科に関する科目」，教職教養に相当する**「教職に関する科目」**及び両者を含む「教科又は教職に関する科目」である。教諭一種免許状（学部4年制）の場合，小学校8，**41**，10，計59単位，中学校20，**31**，8，計59単位，高校20，**23**，16，計59単位である。1単位は45学修時間（講義・演習は15～30時間），1年間の授業期間は35週，学部卒業単位は124単位と定められている（大学設置基準）。

同法施行規則（第6条付表）は，各科目の修得方法を規定し，「教職に関する科目」の場合，各欄の科目の単位数と「各科目に含めることが必要な事項」が規定されている。教諭一種免許状の場合，次の通りである。

第2欄「教職の意義等に関する科目」（「必要な事項」：教職の意義及び教員の役割，教員の職務内容，進路選択の機会提供）＝各校種共通2単位

第3欄「教育の基礎理論に関する科目」（同：教育の理念と歴史，学習と発達，教育の社会的・制度的・経営的事項）＝各校種共通6単位

第4欄「教育課程及び指導法に関する科目」(同；教育課程，各教科・道徳・特別活動の指導法，教育の方法・技術〔情報機器・教材活用を含む〕) ＝小学校22単位，中学校12単位，高校6単位
　第4欄「生徒指導，教育相談及び進路指導等に関する科目」(同；生徒指導，教育相談，進路指導) ＝各校種共通4単位
　第5欄「総合演習」＝各校種共通2単位
　第6欄「教育実習」＝小学校・中学校5単位，高校3単位
　現行法は，1988年改正以来，各教職科目に相当する教育学の学問分野を規定していないが，欄ごとの「各科目に含めることが必要な事項」に内容が示され，教育学の各分野(教育諸科学)との関連が想定されている。
　1988年改正以前は，それが法令(施行規則)に規定されていた。すなわち，1949年制定時は，必修科目として，教育心理学，児童心理学(又は青年心理学)，教育原理(教育課程，教育方法・指導を含む)，教育実習，それ「以外」の科目として，教育哲学，教育史，教育社会学，教育行政学，教育統計学，図書館学，「その他大学の適宜加える教職に関する専門科目」，1954年改正では，必修科目として，同前科目のほか，教材研究，教科教育法が加わり，それ「以外」に前掲科目に加え，教育関係法規，教育財政学，教育評価，教科心理学，学校教育の指導及び管理，学校保健，学校建築，社会教育，視聴覚教育，職業指導，1959年改正で必修科目として，前掲のほか道徳教育の研究が，それぞれ規定されていた。各時期の教職科目と教育学各分野との法的な関連を確かめることができよう。
　教員養成・免許の基準設定やその内容・程度の法定は，重要な研究テーマである。その視点として，教職の役割との関連，教職の専門職制の志向，教育に関する学問の発展との対応，「大学における教員養成」の責任・目的意識・自主性や「学問の自由」の尊重，条件整備などが重要であり，時代の進展に応じて改善されなければならない。

教師教育テキストシリーズ編集代表
三輪　定宣

第1章 教師と教育心理学

1 教育心理学はどんな学問か

1 心理学と教育心理学

　教育心理学が研究の対象とする教育の領域は広い。教育は，学校だけでなく，家庭や地域でもなされる。近年では，学習塾やけいこごとの教室での学習機会も多くなってきている。マスコミを通して子どもたちが学ぶことがらの多様さも無視できない。また，教育の内容は学校の教科がすべてではない。子どもが社会に巣立ち，次の社会を担うことができるようになるための，幅広い力の獲得を促すことも視野に入れるべきである。さらに，時に子どもたちが陥る不適応への対応も重要な関心事となろう。

　教育は，教師をはじめとする大人たちが，その目的を常に問い返し，子どもたちにとって最適の働きかけを行うものである。何が最適かについての議論は，教育心理学の直接の守備範囲ではない。しかし，その議論に強い関心を払い，研究者なりの立場から，教育に関するさまざまな事象を，心理学の方法を基礎において研究しているのが教育心理学である。研究対象は価値的側面を含み，教育実践につながる方向性をもっていることが要求される。教育心理学は，人間行動を純粋に科学的に探究しようとする心理学の，応用的な一領域だとは言いがたい面がある。

2 教育心理学は何を提供するか

　教育心理学は，心理学という科学的な研究方法を基礎としている。それは，教育現場にハウツーを供給する学問ではない。教育心理学を学べば子どもの考

えていることがわかるようになるのではないか，といった期待をいだいている人も多い。子どもがこういう行動をとったら指導者はこう対処せよというような情報を期待しても，教育心理学がそれに応えることはあまりない。ひとつひとつの指導技術を積み重ね，その有効性を検証していこうとする「法則化」の試みなどが，学校教師の関心を強く引きつけてきている。しかし，教育心理学は，実践に役立つ情報を，そういう試みとは別の次元でつくっていこうとしている。現場からの要求に直接応えていないということで，実践者からは時に失望の声を聞くことがあるが，実践者が教育心理学を生かすためには，実践をより広い視野からとらえ直して学ぶ構えをもつ必要がある。

3 原理探求の意義

教育心理学の研究目標は，教育にかかわる諸行動の原理を明らかにすることである。したがって，個々の事例に指導者が対処する際，そして過去の類似の実践事例にアレンジを加えようとする際，判断の基礎となり，有力なヒントとなる原理を提供することが教育心理学の仕事なのである。それは数学の問題をひとつひとつ解くときに，定理や公式をあらかじめ理解しておくことが役立つというような，指導者にとっての底力としての意味をもつ。なお，原理はいくつかの制約の元で成り立つという前提がある。そのことを忘れて，安易に原理と実践を結びつけると，とんでもない飛躍が生じてしまう。教育心理学を学ぶときには，教育心理学の方法を念頭に置くことも必要である。それはまた，教育を科学的にとらえようとする，有意義な構えをつくることにも役立つ。

4 教育実践に役立つ教育心理学

教育心理学が教育実践に役立つ学問であるかどうか，言いかえれば実践者にとって学びがいのある学問かどうかについては，現場教師を対象とした調査データがある。図1.1に示そう。そこでは，教育心理学がなんらかのかたちで役に立っているとする教師が2/3程度と，多いことが示されている。しかも教師経験年数が増すほど，役立つという回答の割合が増大している点は興味深い。

1 教育心理学はどんな学問か　19

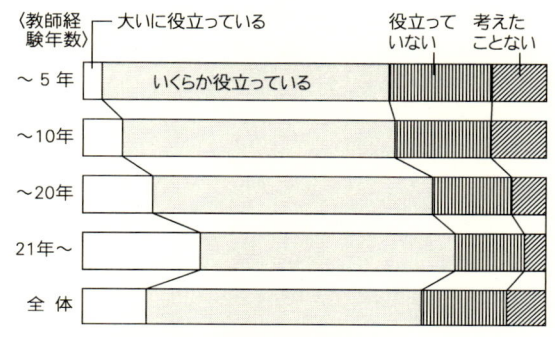

図1.1 教育心理学は教育実践に役立っているか
（出所：藤原喜悦　1983　教育実践力の育成 1　東京学芸大学紀要第 1 部門，34）

5　教師の仕事と教育心理学

　教師の仕事は多様であるが，その中心は学習指導にあり，それを支える生徒指導にある。教師の指導は，必ず次の 3 つのステップを踏むことになる。

　　ステップ 1：子どもに何を学ばせるかという教育目標と，どのように学ばせるかという教育方法についての意思決定。
　　ステップ 2：子どもの学習が効果的に行われるための，学習活動に対する援助と指導。
　　ステップ 3：子どもの学習状況を的確に把握するための教育評価。

　それぞれのステップを効果的にするために配慮すべきポイントは，実に多岐にわたっている。

　教育心理学は，指導のステップ 1 ではどのように役立つのだろうか。子どもの学習活動に先だつ計画の段階では，教師の適切な子ども観，学力観，適応観が重要な前提条件となる。教育心理学は，実証的な資料に基づいて，そのような領域の情報を提供している。また，教育目標や子どもの特性に応じたさまざまな指導法の研究が重ねられており，教師の意思決定をより確かなものにする情報となっている。

　指導のステップ 2 に対しては，教育心理学は，子どもの学習を効果的にするための指導技術の基礎となる原理を用意している。それは，その都度変わる教

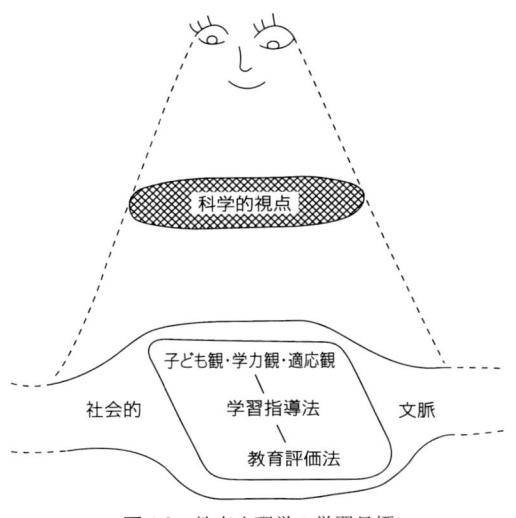

図 1.2 教育心理学の学習目標
（出所：杉江修治　1998　学習指導改善の教育心理学　揺籃社）

材，子どもの状態，教育環境という条件を考慮しながら，教師が子どもを援助するための工夫を考える手がかりとなる。

　指導のステップ３，教育評価は，科学的方法を用いる教育心理学が得意な領域である。知的側面だけでなく，対人関係の変化や心理治療上の効果をみるための用具が，さまざまに開発されてきている。

　さてしかし，教育心理学の研究は，しばしば学習者個人を対象として行われてきた。ところが，教育実践は，学校学習に代表されるように，そのほとんどが社会的場面でなされている。教育心理学の成果は，社会的文脈を頭に入れて理解されなければいけないことになる。教師－生徒関係，学習集団などに関する研究成果がそこに有力な視点を与えてくれる。

　なお，個々の教師の実践は，積み重ねられ，交換される過程で練り上げられ，高まっていくものでなくてはいけない。教師には日々の実践工夫を検証し改善していくという「研究的実践」が求められる。教育心理学の科学的方法は，研究的実践の感覚を養うのに必ず役立つ。そのためにも，教育心理学の方法にそって，科学的視点で　その成果を吟味することは重要な経験となるのである。

【杉江　修治】

2 教育心理学の方法

1 科学としての教育心理学

　前述のように，教育心理学の方法論上の基礎は（一般）心理学にある。心理学は広い意味での「科学」であり，その原則は科学一般の方法論の方法と異なるものではない。科学的方法の原理は，端的に言えば次の3点に集約できるであろう。

　① 経験によって得られた事実に基づくこと：これは当然であろう。単に頭の中で考えたことに基づいて判断するのではなく，事実に基づいて判断するのが科学的営みの基本である。ただし，事実は少なくとも複数の人間の観察や実験を通して経験されることによってはじめて，科学的研究の素材であるデータとなる。

　② 理論に基づくこと：こちらの方は，少し意外に思われる方もあるのではなかろうか。しかしながら，経験とならんで思考も科学の大切な手段である。実際，経験を通じて得られたデータは，そのままでは他者と交換可能なものにはならず，なんらかの理論的枠組みにそって整理する必要がある。他方，整理されたデータから新たな理論的枠組みが生まれることもある。さらには，一定の理論的枠組みなしには，現場に行っても何を観察したらよいかがわからず，重要な事実を見逃してしまうこともありうる。その意味で，理論は経験に影響を与える。いずれにせよ，経験と理論は科学研究を進めていくうえでの，車の両輪のようなものである。

　③ 対象への働きかけを含むこと：それでは，理論をもったうえで観察を行えば，事実は自ずと見えてくるだろうか。必ずしもそうとはいえない。授業研究でいえば，授業中に起こったさまざまなできごとの意味は，授業後に教師や生徒にインタビューしてはじめてはっきりすることもある。一般に，なんらかの問いかけとそれに対する応答があって，はじめて事実が確定するのである。生徒の意識・態度を知るために質問紙調査を行うことや，学力を確認するためにテストを実施することなども働きかけである。さらに，条件をより統制した働

きかけである実験を行う必要がある場合もあろう。実験によって，教育活動とその結果との間の因果関係を明らかにすることができる。因果関係を明らかにしておくことは，新たな方法の導入の強力な論拠となる。

教育において実験を行うことは許されないと言う人がある。もちろん過去において，参加者の心に回復不能な傷を負わせるような，研究倫理にもとる実験がなされたことがあるのは事実であり，その点にはこれからも細心の注意を払うとともに，そうした実験が行われないような仕組みを整備することが必要である。しかしながら，教育というものが教授者から学習者へのなんらかの働きかけを含むものである以上，実験を禁止することは，新たな教育活動の可能性をいちじるしく狭めることになるおそれがある。教育上のなんらかの新しい試みは常に実験的要素を含んでいるのであり，そこには当然失敗もありうるのである。

2　心理学研究の枠組み

かつて，心理学研究によって得られる法則のかたちとして，次のような式が提唱されたことがあった。

$$B = f(E, O) \qquad (1)$$

左辺の B は，行動 (behavior)，右辺の E は環境 (environment)，同じく O は生体 (organism) を表している。(1)式は，生体がおかれた環境と生体のもつ特性の関数として，その生体の行動が決まることを意味している。教育の言葉に直せば，学習者が置かれた環境の特徴 E と，その学習者の生まれつきの，あるいは，それまでの経験によって形成された状態である O の関数として，学習者の行動 B が決まるということを意味している。当面，この枠組みを手がかりに，心理学研究の方法とその問題点について考えてみよう。

一見したところ，(1)式はまったく当たり前のことを述べているにすぎない。しかし，個別の課題に適用して具体的に考えようとすると，いろいろと問題が出てくる。たとえば，教育の環境，個々の生体（以後，個体と呼ぶ）の特性，結果としての行動のいずれも，複数の側面，それも通常，きわめて多くの側面を

もつ。そこで，B も E も O も単一の数値や記号では表現できず，複数の要素をもつベクトルとなる。

　また，それらを表現するための方法についても多くの困難がある。E については，それほど問題がないと考えられるかもしれない。たしかに，教育方法についてちょっとした工夫の効果を試してみようといったときには，今までのやり方とは変えた部分に絞って考えればいいから，E については，とりあえず，「新しい方法」と「古い方法」の2種類の値にだけ着目すればよい。ただ，新しい方法の効果について厳密な結論を求めるとなると，新しい方法と古い方法を，できるだけ他の条件は一定にして比較する必要がある。具体的には，学習者を，結果に影響を与えそうな特性が等しくなるように（実際にはランダムな割り当てを行って）2群に分け，一方の群には新しいやり方で，他方の群には旧来のやり方で教えて，2群間の得点を比較する。前者を実験群，後者を統制群と呼ぶ。群間の比較には，統計的検定の方法が必要になることが多い。

　統制群を設定するというやり方は，統制群に割り当てられた全体の半数に相当する学習者を（もし新しい方法に本当に効果があるのであれば），本人たちに知らせないまま，不利な立場におくことになるから，研究倫理のうえで不適切であるという主張がある。実際，医療分野における新薬の効果の検証においては，統制群の患者には偽薬が与えられるから，より大きな問題となる。これは，因果関係の主張のためにはやむをえない措置ではあるが，教育研究では実験後に補償教育を十分に行う等の措置により，不公平が生じないような配慮が必要である。

　こうした厳密なやり方をとってもなお，方法の変化が実際に期待された効果をもたらしたのかどうかは，さらに厳しく問う必要がある。新しい方法は通常，使用するテキストや素材の提示方法等，複数の改善点を含むから，そのうちどれに効果があったのかは必ずしも明確ではない。さらに，教授者自身が新しい方法の発案者であれば，古い方法で教える場合との熱意の違い等，教授者本人にも意識されていない微妙な差異が結果に違いをもたらしているかもしれない。

3 測定の信頼性と妥当性

　しかし，それ以上に困難が多いのが，個体の特性 O と行動 B の表現の仕方である。まず，最終的な結果が行動 B であることに違和感をもつ人もいよう。実際に教育の成果は，行動にも現れるにせよ，もっと内的特性である学力や性格等の変化に求められるべきではないのだろうか。実際，その通りなのであるが，内的特性を測定するためには，外的に観察可能な行動に基づかざるをえないのも事実である。テストの問題に対する解答や，質問項目への回答，面接における言語的応答などもこの場合の行動に含まれる。

　そこで，多くの場合，B にあたる部分は，複数の行動の指標を合成して，できるだけ少数の尺度（数値）に直すことによって得られる。多くの側面を考慮するにしても，実際に扱う尺度が多すぎては手に負えなくなるからである。たとえば，多数の問題からなる学力テストの結果を採点したものは，学力を表す尺度とみなされる。態度や性格の得点も質問紙調査の結果から同様の方法でつくり出される。このように解答や回答を得点化する手続きそのものは通常簡単であるが，それらを「測定」の名に値するものとするためには，得られた測定値が一定の基準を満たしている必要がある。その基準とは，信頼性と妥当性である。

　あらゆる測定には誤差がある。誤差はランダム誤差と系統誤差（恒常誤差）の2種に分かれるが，信頼性はランダム誤差が小さいこと，妥当性は系統誤差が小さいことをさす。たとえば，まったく同じ学力をもつ学習者に同じテストを実施しても得点が同じにならなかったり，同じ受験者に同じ測定を繰り返しても結果が同じにならなかったりするのは，測定に信頼性が欠けるからである。一方，総合的な学力を測るつもりのテストの得点が，単なる機械的な記憶力とルールを適用して問題を解くスピードだけを反映しているとすれば，妥当性に欠けることになる（現行の大学入試センター試験にはその疑いがある）。

　信頼性と妥当性の確認は，経験的データと理論的考察が動員される，まさに科学的手法の試金石の感があるが，この場でその詳細を述べる余裕はない。ここでは，教育心理学の成果を学ぶにあたって，とくにそこで使われている尺度

の内容を，信頼性と妥当性の観点から批判的に見る力をつける努力を期待するにとどめたい。

なお近年，心理学だけでなく文化人類学や医療工学技術の発展により，顔に表れる感情の読み取りや，脳内の機能の画像化のような新たな B の測定方法が出現してきたことにも注意しておきたい。

4 無視できない個人差

個人の特性 O についても，測定に関してまったく同じ問題があることは容易に理解されよう。これには，学習者がこれまでに背負っている遺伝的素質や過去経験のすべてが反映されており，能力，性格，態度といったあらゆる側面の個人差として表れる。実際，未修の内容を学習する場合でさえ，学習者の間には，学習への動機づけの強さや学習習慣等の違いがあるだけでなく，その内容への適性についても大きな違いがあるのが普通である。その意味で，1節で述べられた教師の仕事の3つのステップのどれについても，すべての学習者にとって理想的な単一の条件というものは存在しない。

たとえば，言語形成期に複数の言語が使用される環境で過ごせば，だれもが二言語使用者（バイリンガル）になれると考える人がある。しかしながら，こうした環境においては，バイリンガルどころか，ひとつの母語すら十分に獲得できない人が，一定の割合で出てくることがわかっている。そのような人は，母語の基本的な語彙は習得できるのだが，論理的思考力においていちじるしく劣るようである。しかし，だれがそうした状態に陥るかを事前に知ることは，現在のところ難しい。

個人の特性 O と学習環境 E の適切な組み合わせについて研究する分野に，ATI（適性処遇交互作用）研究がある。たとえば，内向的な学習者には従来の文法訳読型の言語学習が適しているのに対し，外向的な学習者には実際の言語使用の場面を利用したコミュニカティブな方法が適しているといったことが，ある程度確認されている。

しかしながら，個人差はきわめて多くの側面にわたって存在しており，教育

環境も非常に多様だから，これらのすべての組み合わせを考慮したうえで個人の最適な処遇を見いだすことは不可能である。教育心理学の従来の成果のうち，教科書に載るようなものは，多様な E と O のうちから適当な部分を切り取り，うまく構成された B を用いて得られた統計的な結論であり，平均的な結果としては検証できても，個別にはいくらでも例外がありうるものなのである。

5 教育心理学の有用性

個々の学習者への完全な処方箋が用意できないなら，教育心理学などなんの役に立つのだろうかという疑問をもたれるかもしれない。しかし，すでに1節で述べられたように，教育心理学は教育現場にハウツーを提供することをめざす学問ではない。

精神医学者の春日武彦は次のように述べている。駆け出しの精神科医は，患者からの自殺予告の電話にうまく応対できない。そうした電話に対する「正しい」対応の仕方があるのに，自分はそれを知らないと思い込んでしまうからである。しかし，ベテランはそんなマニュアルが最初から存在しないことを知っている。むしろ，相手とのやりとりのなかで，適切なやりかたがそのつど決まっていくのだ。

このようなベテランの対処の仕方は，人命を軽視した無責任なもののようにも思える。しかし，この一見場当たり的な対応が，実は多くの経験と精神医学の知見に基づいて成立していることに注意しなければならない。先の(1)式でいえば，患者の O についてすべてがわかるはずがなく，関数 f の正確なかたちも不明だから，自殺という最悪の B を生み出さないための E を構成する完璧なマニュアルはありえない。しかしながら，断片的経験から得られた O と精神医学の知見に基づく f についての不完全な知識をもとに，電話といういちじるしく制約された情報経路だけを使って，最善の環境 E を当意即妙につくり出していくのが専門家というものなのである。そして，精神医学の領域では，そうした能力を備えたエキスパートが，実際に育っているのである。

教師の仕事における教育心理学の役割も同様である。教師の仕事にも，完璧

なマニュアルのないなかで，適切な判断が求められる場面は多い．図1.1に示された，ベテラン教師ほど教育心理学が役に立つと考える傾向があるのは，その知見と方法が教育のエキスパートとしての活動に有用であることが認識されているからであるにちがいない．

6　専門的知識人としての教師のための教育心理学

　言うまでもなく，教師というのは高度に知的専門的職業である．ただ，教育は精神医学の現場よりもはるかに多くの人々が，さまざまな場所でかかわることになる活動であるから，とくに専門的な訓練を受けていなくても，教育について「一家言もつ」人は多い．さらに最近では，高学歴の人たちが増え，教育に関しては自分が教師以上の見識をもつと信じる保護者も多くなった．それが，教師の仕事をいちじるしくやりにくくしているという声も聞かれる．

　そうした人たちは，特定の専門領域においては多くの知識を学び，高度の技能を身につけているかもしれないが，教育に関しては，ごく限られた範囲の経験から，過剰に一般化された信念を形成しているにすぎない場合が多い．そうした信念には，時に科学的研究の仮説となりうるような興味あるものも含まれるが，多くは，たまたまある状況において，ある個人に対して有効であったという断片的事実があるだけで，確実な理論的根拠を欠くものも多く，ましてや科学的検証を経たものであることは滅多にない．しかしながら，その主張が非常に単純明快で，かつ一般の人たちが共有する常識と適度に重なっている場合には相当の説得力をもち，ほとんど宗教的教義のように多くの信奉者を集めてしまう場合がある．実際，(1)式で表されるBを決定するメカニズムは複雑であるために，そうした信念に基づく教育活動は，特定の状況下で一部の個人に対しては効果をあげた（ように見えた）という経験的事実は現実にありうる．したがって，そうした信念を証拠に基づいて否定することはそう簡単ではない．

　たとえば，体罰を用いなければ子どもをしつけることはできない，という信念をもつ人々がいる．たまたまそうした信念のもとでもうまく育つ子どもはいるであろうが，子どもの特性次第では，この信念は容易に児童虐待につながっ

てしまう。とくにそれが,「人間は皆,白紙の状態で生まれてくる」とか「人はだれも無限の可能性をもつ」といった美しい(ただし事実に反する)言説と共存するときには,きわめて残酷で悲惨な結果を引き起こす恐れがある。

　したがって,教師として良識ある活動を行っていくためには,そうした一般人の信念の無際限な適用に対して,科学的な根拠に基づいて批判的に対応できる力量を形成しておく必要がある。教育心理学の知見と方法とを習得することは,そうした力量形成の重要な一端なのである。　　　　　　【村上　隆】

参考文献
長谷川寿一・東條正城・大島尚・丹野義彦　2000　はじめて出会う心理学　有斐閣
市川伸一　1995　学習と教育の心理学　岩波書店
日本教育心理学会編　2003　教育心理学ハンドブック　有斐閣

演習問題
1　教師の指導の3ステップに対応した教育心理学の研究領域を整理せよ。
2　教育心理学の成果の理解は慎重に行わなくてはいけないが,その理由をまとめよ。
3　教師にとって教育心理学のような科学的思考が必要な理由を説明せよ。

第2章　育ちの理解：発達の過程

1 発達の原理

1 発達とは何か

(1) 発達の連続性と非連続性

　人間は約10カ月間の胎生期を経て誕生し，生涯にわたって心身や行動の各側面が変化していく。言語の発達過程で語彙は確実に量的に増大する。身長・体重も連続的な量的変化の過程として記録することができる。また，発達を情報処理能力が徐々に向上していく過程と考える見方は多くの心理学者によって支持されてきた。このような側面を見れば，人間の発達は年月とともに連続的に変化する過程といえる。

　一方，発達的変化を量的変化ではなく，質的な変化，構造の変容の面から特徴づけることもできる。発達の質的，非連続的変化に注目した発達段階論は，さまざまな視点や関心から提起されてきた。段階論の多様性は，発達の原動力は何か，ある段階から次の段階に移行するときに何が否定され，何が新たに生じるのかといった発達の根本的問題に関する考え方を反映している。たとえば20世紀の著名な発達心理学者ピアジェ（Piaget, J.）による認知発達段階論は認知構造の変化に基づいたものであり，精神分析学者エリクソン（Erikson, E.H.）の心理－社会的段階論は心理社会的危機に注目して，各人が自己の内面的欲求と社会的要請との間の葛藤を克服することを次の段階にうまく進む条件としたものである。

　アメリカのハヴィガースト（Havighurst, R.J.）が主張した「発達課題」論も一種の発達段階論である。発達課題とは個人が各々の発達段階で達成すべき一定

の課題である。個人は適切な時期に発達課題を達成できれば，幸福とその後の課題遂行に対する望ましい基盤を得るが，失敗すればみじめな気持ちになり，社会からも承認されず，その後の課題達成に支障をきたすことになる。発達課題には，生物学的要因に基づくもの（たとえば歩行の学習は乳児期の発達課題のひとつとされている）のほかに，所属する社会からの要請，時代の価値観を反映したものも含まれる。ハヴィガーストの理論は，1940-50年代アメリカの中流社会の価値体系に基づくものであった。この理論で青年期の主要な発達課題のひとつとされた「職業選択や準備」は，工業化や職業の専門分化の進んだアメリカ社会の青年にとって達成すべき重要な課題であったが，若い年齢から農業や漁業などの親の生業を継ぐことが当たり前となっている社会では青年期の主要な課題にならない。発達課題論は，子どもの内的な発達条件を考慮しながらその活動を現実の社会からの要請に方向づけるための指標を明らかにしたものといえよう。

(2) **新しい視点：脳の可塑性の研究から見た生涯発達論**

これまでの発達理論の多くは心身の発達が完成する時期をほぼ20歳と仮定して，出生から約20年間の変化を研究の対象としてきた。発達を成熟の頂点に向かって進歩する過程であるとする発達観により，いわゆる成熟期以降の「衰退期」とみなされた過程にはほとんど関心が向けられてこなかった。代表的な生涯発達の理論にエリクソンのライフサイクル論があるが，この理論でも老年期は人生の終点として今までを振り返り，絶望と闘い，死と直面する時期であり，上昇や進歩とは無縁の時期とされていた。

しかし，心理学者キャッテル (Cattell, R.B.) とホーン (Horn, J.L.) は知能を「流動性知能」と「結晶性知能」とに区別し，後者は高齢でも低下しないことを明らかにした（図2.1）。この知能観は最新の認知神経科学によって裏づけられただけでなく，高齢者の脳機能は従来考えられていたよりはるかに可塑性に富み，有能であることが確認されつつある。たしかに文字や図形の比較など，ほとんどの認知能力は，一般的に20歳から80歳の間に衰退する。認知神経科学ではそうした能力に関わる「人生の早期に自然に発生する」シナプス（脳の神経細胞

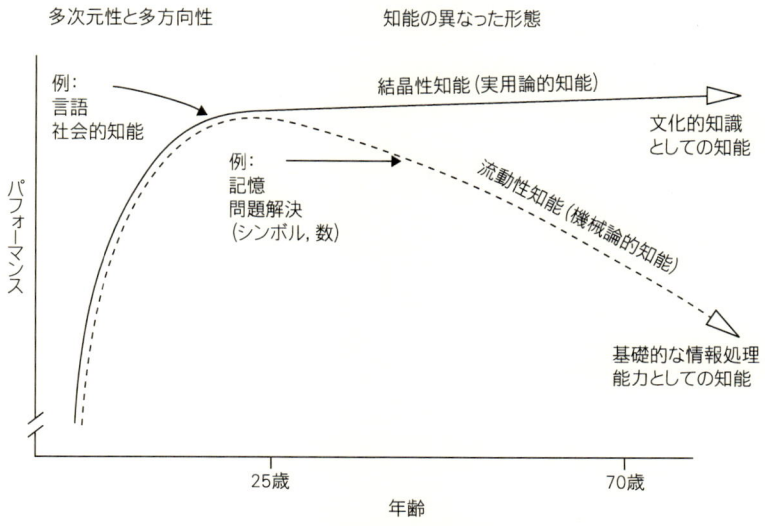

図 2.1 流動性−結晶性知能
(出所:東洋・柏木恵子・高橋恵子 1993 生涯発達の心理学 第1巻 新曜社)

の結合部分)形成と,「生涯を通じて複雑な環境に触れることに関連している」シナプス形成とを区別している。このように生涯発達をある時期から下降・衰退する過程とみなすのではなく,老年期についても学習による進歩が可能な時期として積極的に位置づけようとする研究が進んでいる。

(3) 発達は遺伝で決まるか,環境次第か?

① **遺伝優位説・成熟説** 人間の発達はほとんど遺伝によって決定される,すなわち生物学的機構に基づく成熟の過程なのだとする考えは古くからあったが,近年の成熟説の代表者は,発達心理学者ゲゼル(Gesell, A.)である。ゲゼルは約30年間にわたって子どもの典型的な年齢別行動目録を調査し,行動の変化が主に遺伝的成熟の要因に規定されると主張した。

ゲゼルとトンプソン(Thompson, H.)が生後46週の一卵性双生児に試みた実験は成熟説の立証に好んで利用されてきたものである。実験では双生児の一方(T)に階段登りの訓練を6週間させて,もう一方(C)には訓練せず,訓練の

効果が検証された。訓練の直後は T が階段を速く登ることができたが，その後 C は 2 週間の練習だけで T よりも敏捷に登った。この実験から早すぎる訓練は効果がなく，発達は遺伝的に規定された成熟のスケジュールに従うとする結論が導き出された。しかし，C も階段登りのような基礎的運動能力は日常生活のなかで発達させていたとも考えられ，この結論を疑問視する声も多い。ともあれ，このような単純な運動能力の実験結果を複雑で社会的性格をもつ知能やパーソナリティの発達にまで適用することは望ましくない。

② **環境優位説・経験説**　ゲゼルの成熟説とは正反対の極端な環境優位説を唱えたのは行動主義の提唱者，アメリカのワトソン (Watson, J.B.) である。行動主義とは科学としての心理学の分析対象を客観的に観察可能な行動に限定して行動を刺激と反応の結合で説明するものである。ワトソンは，1920 年代にこの立場から，環境が与える行動への影響，子どもに対する教育の重要性を主張した。ワトソンが，自分にもし健康な乳児をあずけてくれるなら，その子どもを訓練して，どんな職業人，どんな専門家にでもしてみせようと断言したのは有名であり，その言葉のなかに極端な環境優位説の立場がよく示されている。しかしこのような楽観的な環境論が，発達に対する環境や経験の影響に関する研究の発展に貢献したことも否定できない。

③ **相互作用説**　ドイツの心理学者，シュテルン (Stern, W.) は，20 世紀初めに発達を内的な遺伝的素質と外的な環境要因との輻輳，すなわち両者の効果をもち寄った結果であるとする輻輳説を唱え，相互作用説を発展させる基礎を築いた。現在では，遺伝か環境かといった問題提起自体が無意味で，両者がどのように相互作用し合って発達をつくり上げているのかを問わねばならないとする考え方が主流になっている。

　基本的には遺伝優位説に立ちながら，一種の相互作用説を唱えたのは，現代アメリカの教育心理学者ジェンセン (Jensen, A.) である。ジェンセンは，血縁関係の類似度と IQ の相関関係を同一環境と異なる環境で育った場合について比較し，そのデータから遺伝子の共有率の高い者同士（一卵性双生児が最も高い）ほど IQ の相関も高いと判断した。さらに白人と黒人などの知能の人種差も調

査した。その結果，黒人の IQ は白人の IQ より平均して 15 程度低かったのに対し，アメリカ・インディアンは黒人より貧困で，環境条件が劣悪であるのに平均 IQ は黒人と白人の中間であった。ジェンセンは以上の分析から，IQ が 80％は遺伝で決まること，同時にきわめて劣悪な環境条件のもとでは知能の発達が阻害されるが，好ましい環境下でも IQ は向上しないことなどを指摘した。このように環境は閾値要因としてはたらくとする見解は「環境閾値説」と呼ばれる。しかし，以上の主張や人種差別的見方には多くの心理学者から厳しい批判が寄せられた。とくに，引用された血縁関係の類似度と IQ の相関に関するデータ（原資料はロンドンの住民を被験者とするもの）や IQ の人種差の証明に使われた環境の指標（経済的条件のみが取り上げられ，教育や生活などの条件は無視されている）の偏りや信頼性の低さが問題とされた。

　現代における相互作用説の代表者はスイスの心理学者，ピアジェ（Piaget）である。ピアジェは，認知発達を成熟と経験との相互作用で説明し，その発達の原動力として「矛盾」を重視した。ピアジェの理論では，知覚する事象を子どもがすでにもっている心的構造で理解する過程は「同化」，現存の心的構造を調整することが「調節」と呼ばれる。人は既有の心的構造で問題を解決できないとき，葛藤状況に陥るが，調節によって矛盾を解決できたとき，均衡状態を得る。しかし新たな問題に直面すると，その均衡状態はすぐに崩れて再び葛藤状態におかれる。すなわち，発達は人間と環境との絶え間ないダイナミックな相互作用の過程とみなされている。発達のメカニズムについての以上の考え方は「均衡説」と呼ばれる。

2　発達と環境との関係
(1)　生活環境，文化，教育の影響

　近年，わが国の身体発育水準は以前に比べていちじるしく向上している。それは発達加速現象と呼ばれ，同一年齢の平均身長，体重などの測定値が高まる傾向（成長加速）や，乳歯や永久歯の発生や第二次性徴などの性的成熟が早まる傾向（成熟前傾）に現れている。12 歳児と 6 歳児の身長について 2002（平成 14）

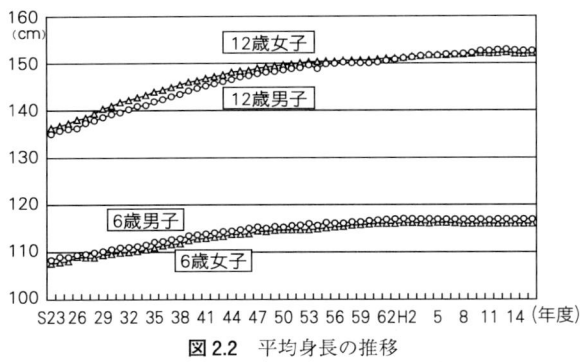

図 2.2 平均身長の推移
(出所:文部科学時報 2005 年 12 月増刊号)

年までの約半世紀の変化をみると，この数年の伸びは鈍化してほぼ横ばいになっているが，それまでは発達加速現象が明確にみられる（図 2.2）。この現象は日本ばかりでなく欧米などにもみられ，農村より都市で顕著である。したがってその原因として，栄養条件の向上，都市化など生活環境における刺激の増大，生活様式の変化などが考えられる。一方，精神的成熟にはこのような傾向がみられないため，子どもの心身のアンバランスな発達が新たな今日的問題となっている。

　文化的環境や教育が知力の発達に及ぼす影響もまたきわめて大きい。文化心理学者スティーヴンソン（Stevenson, H.W.）はペルーの僻地，ラマスのメスティーソ（インディオとスペイン系の混血）のうち，学校教育を受けた者と受けなかった者とに知能テストを実施し，知的活動の発達に学校教育が顕著な効果を与えていることを明らかにした。これは学校経験が家庭の文化伝承の弱さを補い，知力を発達させたほんの一例にすぎず，これまでに豊かな教育環境が知力の発達を促すさまざまな証拠が蓄積されつつある。しかし，比較の前提となる知能テストや知能の概念自体が文化によって異なることにも留意すべきである。時代や文化が要求する知的能力とはどのようなものなのか，子どもの可能性はどのような環境，教育のもとで発達するのか，などの問題をさらに検討する必要がある。

(2) 初期経験の効果

　「三つ子の魂百まで」といわれるように，幼い時期の経験の効果はとくに大きく，その後の発達に重要な影響を与える。発達に決定的な影響を与える幼い

ころの経験は「初期経験」と呼ばれる。「初期経験」の源泉は比較行動学者ローレンツ（Lorenz, K.）によって確かめられた刻印づけ（インプリンティング，刷り込みともいう）の概念に求められる。刻印づけとは，カモやアヒルなどの鳥類が孵化直後に出会った刺激（動くもの）に対して愛着をいだき，追従行動をとるような現象である。ただし人間の脳は可塑性に富んでいるので，初期経験は刻印づけのように絶対的で修正不可能なものとはいえない。

精神分析学者フロイト（Freud, S.）は初期経験（とくに幼児期に親から受けた経験）が人間性の形成に根深い影響を与えると考えて，成人の神経症の根本的原因を幼児期の経験にさかのぼって解釈しようとした。またアメリカの心理学者ハント（Hunt, J.McV.）は乳幼児期の経験が後の発達に大きな影響をもつと考え，とくに「応答的環境」の重要性を強調した。ハントによれば貧困家庭の子どもは中産階層の子どもに比べて環境から受ける刺激も親と言語的コミュニケーションに費やす時間も少ない。その結果，前者は後者の子どもに比べて語彙テストの成績が劣り，基本的抽象的概念の理解力が低い。波多野誼余夫は，ハントの主張に基づいて応答的環境の中味として次の4点をあげている。

① 手ごたえのある玩具（さわると動くモビールや振ると音の出る玩具は乳児が働きかけたときに手ごたえを感じさせる）
② 自由に動きまわれる空間
③ ことばによる受け答え（大人が乳児の発声に積極的にことばで応答することが大切）
④ 助言・共感（子どもが微笑みかけたら微笑み返し，困っていたら解決のヒントを与える）

(3) 臨界期，敏感期

人間の知的能力や人格の発達において環境からの影響力や教育・訓練効果がきわめて大きい時期があり，それを臨界期（critical period）という。臨界期は知覚や言語，運動の発達など，さまざまな面でみられるが，人間の場合，鳥類における刻印づけのように決定的な時期とはいえないので，敏感期，あるいは感受性期ともいわれる。アメリカのブルーム（Bloom, B.S.）は，知能と性格特性の

発達のいちじるしい時期があるとして、成人した時の知能の 50 ％が 4 歳までにつくられると考えた。すなわち 0 歳から 4 歳までが知的発達の臨界期であり、この時期に環境が最大の影響を及ぼすと推定した。また、子どもが乳幼児期に特定の大人に愛着を恒常的に向ける機会がないと、人を愛せなくなる性格が形成されてしまう傾向があることも知られている。発達初期に母性的愛情を受けて育つことは、正常な心身の発達に欠かせない条件なのである。この時期に母性的な世話と愛情が受けられないと、愛情のない性格など、情緒や性格、社会的行動の異常、知的発達の遅れを引き起こすだけでなく、身長の伸びが止まるなど、身体の発達にも深刻な影響をもたらす。このように乳幼児期に母性的養育が奪われることをマターナル・デプリヴェーション（maternal deprivation、母性略奪）という。乳幼児は、その養育者と強い愛情の絆で結ばれ、さらにその周囲の人々を含めた社会的かかわりのなかで育てられないとさまざまな面で遅れや異常をきたしやすい。近年、わが国では養育者による児童虐待や養育放棄（ネグレクト）などが増加している。このようなマターナル・デプリヴェーションや児童虐待がなぜ起きるのかを親自身のストレスや社会的背景を含めて究明しなければならない。一方、人間はきわめて可塑的であるため、たとえ発達初期に異常な環境のもとで心身の発達に遅滞を起こした子どもでも、その後に愛情のこもった養育環境と遅れを補償するための働きかけにより十分に回復したという報告もある。

　今日、保育や教育の現場でも、子どもの心と環境の関係や、心の育て方が大きな関心事になっており、子どもの情動の臨界期について科学的に解明するための学際的研究も精力的に行われている。

(4)　レディネスを待つ教育とレディネスをつくり出す教育

　多くの国で初等教育を 6 歳か 7 歳で開始する教育制度を採用しているのは、この年齢で子どもの心身の状態が就学の準備水準に達すると考えられているからである。ある学習を行うのに必要な身体的・精神的準備水準のことをレディネス（readiness）という。前述したゲゼルらの実験は、成熟を待たずに学習させるべきではないとするレディネス重視論を裏づけるものとされた。このレデ

ィネス重視論は，その後学校のカリキュラムにおける教科のいくつかのトピックスを指導する最適な精神年齢を決める研究に発展した。たとえば，アメリカのウォッシュバーン（Washburne, C.W.）と彼を中心とする7人委員会は算数のトピックスの学年配置を決定するための大規模な調査研究を実施し，その結果から，「10以下の加法」の学習可能な最低の精神年齢は6歳5カ月で最適な精神年齢は7歳4カ月というように，一連のトピックスの適切な学年配置を決定した。このように，咲く準備のできていないつぼみを無理に開かせるべきではない（ウォッシュバーン）とするレディネス観は，20世紀半ばまでの教育界に支配的であった。

　しかし最近では，レディネスは教育によってつくり出すものという考え方が強まり，発達を促進する教育のあり方が積極的に探究されている。ハントによれば，レディネスとは暦年齢に応じて自動的に生ずる成熟の問題ではなく，蓄えられた情報，習得された概念・解決法・動機づけの体系，習得された技術などを基盤としてつくられる。そして子どもたちの心理発達を促す状況とは，すでに蓄えられ習得されたものとは適度に異なる情報やモデルを含むような場合である。たとえば学齢期の子どもは理解可能なもののうち，一番難しい漫画を好むものであり，「自己概念と理想自我の隔たりが発達的成熟と関係」しているのである。アメリカの著名な認知心理学者ブルーナー（Bruner, J.S.）は，著書『教育の過程』において「どの教科でも，知的性格をそのままにたもって，発達のどの段階のどの子どもにも効果的に教えることができる」という大胆な仮説を主張し，レディネスをつくり出す教育を提案した。この仮説の前提には，ある教材を子どもに教える仕事はその教材を子どもの認識の仕方に合うように翻案すること，発達水準にあった教え方を工夫することなのだとする考え方がみられる。たとえば，年少の子どもたちに，くじを引くゲーム，ルーレットなど，結果がガウス分布曲線になるようなゲームを活用することによって，この年齢では理解困難といわれる確率の学習に必要な論理的操作の基礎を，数学的表現を使わずに完全に把握させることができるというのである。

　ロシアの心理学者ヴィゴツキー（Vygotsky, L.S.）はすでに1920−30年代に子

どもの精神発達と教授－学習の関係に関する斬新な発想により，「発達の最近接領域」論を唱え，発達を促す教育の重要性を説いた。ヴィゴツキーによれば，「教授は，発達の前を進むときにのみよい教授である。そのとき教授は，成熟中の段階にあったり，〈発達の最近接領域〉にある一連の機能を呼び起こし，活動させる。ここに，発達における教授の主要な役割がある」。発達の最近接領域とは子どもが独力で解く問題によって決定される現下の発達水準と，協同のなかで助けられながら問題を解く場合に到達する明日の発達水準との間の差である。子どもは協同のなかで，適切な指導，助けがあれば，独力でするときよりも多くの困難な問題を解くことができる。しかし，指導すれば子どもが無限に多くのことができるわけではない。高等数学を知らない者にいきなり微分方程式の解法を教示しても効果が望めないように，子どもの発達状態，知的能力により厳密に決定される一定の範囲でのみ教授は効果を発揮するのである。

(5) 早期教育

　成熟に依存する教育を主張する生得的レディネス論に対して発達を加速する教育を支持する加速的レディネス論は，一種の早期教育の主張と結びついている。ブルーナーはそうした立場から，教材の構造（一般原理とさまざまな事象の相互関連性）を発達や認識水準に合った教授法で教育することにより，今までより年齢の低い子どもに科学の基礎的概念を理解させることができると主張した。早期教育は，子どもには発達初期からの温かい働きかけや豊かな経験を与えることが重要であることからも積極的な意味をもつ。

　ところが現在，わが国で関心をもたれている早期教育の概念には，乳幼児期に計画的，意図的に特定の能力向上や学力，技能の習得をめざそうとする働きかけが含まれている。その背景には英才教育の推進や受験準備の低年齢化の流行がある。アメリカのエルキンド（Elkind, D.）による調査研究でも，幼児期から技能や内容などの教科学習を繰り返し次々に学習した結果，すでに低学年で学習意欲を喪失し，知的に燃え尽きた子どもがいた。就学前の子どもにとって，一般的な知的刺激は必要で望ましいものだが，英才教育・受験準備といった性格の早期教育は子どもに過大なストレスを与えて心身の発達を阻害しかねない。

しかし，障害をもつ子どもや学習遅滞児は，早期教育によって発達を促す必要がある。発達の遅れをもたらす原因は先天的になんらかの障害をもっている場合や，文化的に恵まれない環境で育った場合など多種多様である。3カ月検診など発達初期に数回行われる検診によって，ひとりひとりの発達の遅れやその原因を発見し，ことばや運動の遅れ，情緒障害など，症状に合わせた訓練や治療をできるだけ早く開始しなければならない。ダウン症などの先天的な精神遅滞児や運動・姿勢異常をもつ脳性麻痺児の発達を促すためには，早期（生後6カ月未満）からの教育や訓練が有効である。ダウン症児は加齢とともにDQ（発達指数，100で年齢相応の発達を示す）が急激に低下（5歳頃で約50）するが，早期教育を受けた場合は2歳過ぎで70を保ち，その後上昇傾向を示したという報告も見られる。ただし，持続的に効果を上げるためには，障害自体の治療や訓練にとどまらず，日常生活全体の改善や心の交流が重要であることはいうまでもない。

【宮坂 琇子】

2 知的発達

1 知的発達とは

　知的活動ということばから連想されるのは，数を数えたり計算すること，文章の内容を理解したり，問題を解いたりする活動だろう。たしかに，こうした活動も知的活動にちがいないが，心理学ではもっと幅広く，知覚すること，考えること，知ること，想像すること，想い出すこと，そしてさらには抽象化したり，一般化したりする，認知のはたらきすべてを知的活動としてとらえている。

　ここでは，環境とのかかわりのなかで子どもがこうした知的能力をどのように発達させていくのかについてみていこう。知的発達も情動やパーソナリティの発達と同じく，方向性や順序性をもった，質的・構造的な変化の過程であって，いくつかの段階をたどって進行する。子どもたちはしばしば，大人からはとても奇妙に思えるようなものの見方や考え方を示すことがあるが，これは環

境を理解するしかたそのものが大人と異なっているためなのである。

　それぞれの発達段階で，子どもたちは世界をどのように知覚し，理解しているのか。この問題の解明に精力的に取り組み，認知発達に関する体系的な理論を打ち立てたのがピアジェである。彼は，主として自分の子どもたちの行動や課題解決の様子を観察するという，「臨床的技法」と呼ばれる方法を駆使して，子どもの知的発達の姿を生き生きと描き出したのである。

2　ピアジェの認知発達段階論

　外界に対する認識がどのように生まれるのかについて，ピアジェ以前は，環境からのさまざまな知識や情報が五感を通して受動的にもたらされると考えられていた。たとえば哲学者ロック（Locke, J.）のように，赤ちゃんの心はいわば「白紙状態」であって，経験を通してそこにさまざまな認識が書き込まれるとみなしていたのである。それに対してピアジェは，ものごとに対する認識は，人と環境との相互作用によってつくり出されると主張する。つまり，環境世界における事物・事象を「知る」というのは，たんにそれらを見たり，イメージをつくることからではなく，そうした対象に能動的に働きかけることによってもたらされるのだという。

　たとえば，あるときピアジェは，幼い息子が椅子の上からパンを小さくちぎって落としているのに気づいた。彼はいろいろな位置からパンを落とすことによって，それがどのように落ちて床の上に広がるのかを，まるで小さな科学者のように「実験」し「観察」することによって，理解しようとしていたのである。

　こうした外界に対する働きかけの仕方は，それぞれの発達段階によって異なっている。子どもはある段階から，ものごとに直接働きかけを行わなくても，頭の中だけでそれを行うことができるようになる。ピアジェは，このように外界に働きかける活動が内面化したものを「操作（operation）」と呼んだ。そして，この操作，すなわち認識の構造が子どもの成長とともにどのように変化するのかによって，知的発達の様相を記述したのである。ピアジェによると，人間の

2 知的発達

表2.1　ピアジェによる認知発達の段階

感覚運動期（誕生〜2歳ごろ）	出生直後は新しい経験を同化すべき認知体系をもっていないために，吸うとかつかむといったいくつかの生得的な反射をもとに，感覚による知覚や運動の面から外界を理解する活動を発達させる。この段階の終わりころになると，イメージや象徴などの表象が芽生えてくる。
前操作期（2歳〜6歳ごろ）	シンボルや記号などの表象を用いた活動が発達し，子どもの思考に言語が重要な意味をもち始める。概念化や推理を行うようになるが，判断は知覚による影響を受けやすく，直観的である。
具体的操作期（6歳〜11歳ごろ）	自分自身の具体的な経験を通して，という限定つきではあるが，論理的な操作が可能となる。思考が外見的な見えに左右されることは少なくなるが，経験的事実に反する仮定や抽象的な思考はできない。
形式的操作期（11歳〜）	純粋に仮定的な概念や抽象概念を用いて，論理的に思考することができる。推理の前提となる命題が経験事実に即しているか否かにかかわらず，推理の形式的な正誤に基づいた思考が可能になる。

知的発達は4つの特徴的な時期に分けられるという（表2.1）。

　以下では，これら知的発達の4つの時期について，もう少し詳しくその特徴を述べることにしよう。

(1) 感覚運動期

　生まれたての赤ちゃんにとっては，自分の周囲のものすべてがはじめて出会う刺激であって，誕生した段階ではそれがいったい何で，どのようなはたらきをするものなのかわかってはいない。赤ちゃんは，そうしたいわば未知の世界のなかで，吸うとかつかむといったいくつかの生得的な反射によって，外界の事物・事象に働きかけることを通して，世界を理解しようとするのである。

　ピアジェが知的発達の最初の段階を感覚運動期と呼ぶのは，外界への働きかけを通して，自分の感覚とその対象の運動との関係を理解しようとする時期だからである。たとえば，乳幼児が流れ落ちる水道の水に手を差し入れたり引っ込めたりして，飛沫の行方を飽きずに眺めていたり，ティッシュの箱から一枚

一枚紙を引っぱり出したりする光景を目にすることがあるが，これがこの段階の子どもたちの世界を理解する仕方なのである。

　感覚運動期に発達する重要な概念のひとつに「物体の永続性」がある。生後数カ月までの子どもは，興味をもって追いかけている対象が，何か障害物によって隠されてしまうと，それがもはや存在しなくなったかのごとく追跡をやめてしまう。この段階の子どもにとっては，目に見える，現前する世界がすべてであって，目に見えないあるいは見ていないものは存在しないのである。母親が隣の部屋に入って見えなくなると赤ちゃんが泣き出したりするのは，お母さんが存在しなくなってしまうからなのである。

　こうした時期から，母親の姿は見えないけれども声は聞こえる，というような経験を繰り返しながら，子どもは見えていなくてもそれが存在し続けていることを理解するようになる。すなわち，ものの永続性の観念の成立である。物体の永続性が理解できるということは，目には見えなくてもそれが心象あるいは象徴といった内化されたかたちで保持されていることを示している。感覚運動期の終わりごろから次の前操作期の初期に出現する延滞模倣は，以前真似した行為を一定時間を経てから，目の前にモデルがなくても再び演じてみせることだが，これは行為のイメージをその間保つことができたことを意味している。ここにいたって子どもたちの理解は，現前する世界だけでなくイメージの世界へと広がっていくことになる。

(2) 前操作期

　延滞模倣の出現にみられるように，この段階の認知的働きは象徴的表象によって特徴づけられる。子どもたちは，目の前の対象の代替として心象・イメージ，描画，身振りやことばなどの象徴を使うことができるようになる。たとえば「ごっこ遊び」はこの時期から可能になるが，これは現実のある事物を別のもので「見立てる」ことによってはじめて成り立つ。貝がらに砂を盛って「ご飯を食べる」仕草ができるのは，貝がらを飯茶碗に，砂をご飯に見立てることによっている。このようにある象徴を用いることによって，現実そのものではなく，現実を超えた，現実にしばられることのない活動が可能になるのである。

2 知的発達

　言語も一種の象徴であって，ことばを使うことによって現前しない対象について表現したり，指し示したりすることができるようになる。すなわち，ここにいたって言語が思考に介入し，重要な役割を果たすようになってくる。ただ，ピアジェが前概念的段階と呼んだ前操作期前期は，ことばの使い方がまだ混乱していて，たとえば，ジョンという名の柴犬を飼っている子どもは他の犬を指して，「あそこにもジョンがいる！」と叫んだりする。ジョンとは特定の犬の名前であり，柴犬という犬種に属していて，その他のさまざまな犬種を合わせて「犬」という動物を表す，という概念の包摂関係を理解するにはさらに時間を要するのである。

　ところで，前操作期に示される思考の特徴として自己中心性があげられる。これは時として大人が示す，他人のことを配慮せず，身勝手で利己的な振る舞いとしてのいわゆる"自己チュー"とは異なり，発達上の思考の特徴として自己中心的な心性にしばられていることを表したものである。この段階の子どもは，環境世界のあらゆるものがその存在理由と目的をもっており，しかもそれらは自分自身のためにつくられていると考えている。そして，子どもたちはそれらすべてを自分自身の経験，要求，願望に関連づけて解釈するのである。

　たとえば，自己中心的心性のひとつとしてアニミズムがある。アニミズムとは，自然界のものすべてに自分と同じような生命や意識があり，目的をもっていると信じている思考形態をさしている。落ち葉が風に吹き払われるのを見て「葉っぱが駆けっこしてる」と言ったり，自分の投げたボールが思い通りの方向に飛んでいかないのを「意地悪なボール」のせいにしたりするのが，その例である。ピアジェによればアニミズムは，すべてのものが自分同様生命をもつと考える段階，動くものに生命を認める段階，自力で動くものだけに生命を認める段階，動物だけに生命を認める段階，を経て発達するという。

　もうひとつの自己中心性の特徴は，自分自身を他の人の視点や立場に置いてみることができない，役割取得ができないという点にある。たとえば，どちらが自分の右手・左手かを覚えた子どもが，向かい合って座っている相手の右・左がわからない，というのがこうした例にあたる。ピアジェは，大人向き・子

ども向き，男性向き・女性向きなどさまざまなプレゼントを用意して，相手の年齢や性別に合った贈り物を選択させる「プレゼント実験」や，立体模型を使って自分の視点以外の方向からの見えを予測させる「三つ山問題」など，アイデア溢れる実験的観察を通して自己中心性の特徴を示してみせた（図2.3）。

この時期の子どもの自己中心性とは，言い換えるなら，自分自身の経験や欲求，願望に関連づけたかたちでしか世界を理解することができないことの現れである。幼い子どもは，自己中心性ゆえに誰でも自分と同じように感じ，考えるものだと思い込んでいるが，実際に出会う現実のなかでそうした思考が妥当しない経験を通して，少しずつ自己中心性を脱却していくのである。

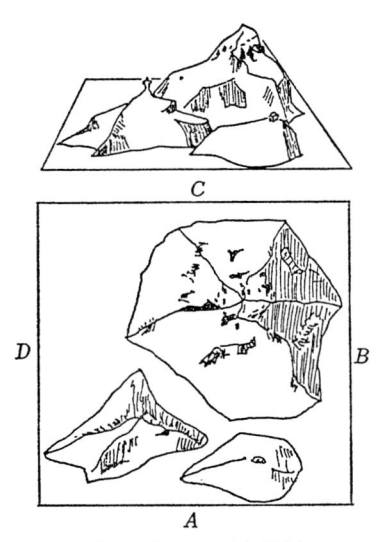

図2.3 「三つの山」問題
（出所：Brearley, M. & Hitchfield, E. 1966 *A teacher's guide to reading Piaget*, Routledge & Kegan Paul）

(3) 具体的操作期

この段階になると子どもは，時間，空間，関係性，数などについての基本的概念を発達させていく。「具体的」操作とは，対象が具体的なことがらである場合，あるいは具体物の助けがある場合には，論理的思考が可能となることを意味している。足し算を例にとると，「3＋2＝　」という抽象的な計算はできなくても，実際のミカン3個とリンゴ2個を足すことは学習できるようになる。子どもたちがしばしば両手の指やおはじきなどの"具体物"の助けを借りて足し算と格闘しているのは，抽象的な計算式理解への過渡的な段階によく見受けられる姿である。

前操作期から具体的操作期への移行の指標とされるのが，「保存」概念の獲得である。保存とは，ある対象の外見が変わったとしても，それがもつ一定の

側面は恒常的で変化のないことを認める能力を意味する。保存概念ができているかどうかについて，ピアジェは「ソーセージ実験」として知られる巧みな方法を用いてそれを確認している。彼は同じ重さの粘土玉2つを子どもに示して，この2つが等しいことを確かめさせたうえで，片方の粘土玉を子どもの目の前でソーセージの形に押し延ばす。

 実験者：ここに粘土玉が2つあります。こっちの粘土とこっちの粘土は同じだけあるから，同じ重さだよね。
 子ども：うん。
 実験者：それじゃあ，今度はどうかな？（と言って，片方の粘土玉を転がしてソーセージの形にする）
 子ども：ソーセージの方が長くなってたくさんになったから重たい。

また，重さ（質量）の他に，数についての保存がビーズを使って次のように確かめられる。

 実験者：ここにある白と黒のビーズは同じ数ずつあるよね。
  ○ ○ ○ ○ ○
  ● ● ● ● ●
 子ども：はい。
 実験者：じゃあ，今度はどっちの方が数が多いかな？
  ○ ○ ○ ○ ○
  →●●●●●←
 子ども：白いビーズの方が長いから，白が多い。

このように，保存の概念ができていない前操作期の子どもは，外見的な見えに影響されて判断を誤り，重さや数という属性は変化していないことが理解できない。

保存にはこの例で見たような質量，数の他に体積の保存があり，ピアジェによれば，数，質量，体積の順に理解することが難しいとされる。具体的操作期の子どもは，こうした課題に対して「何も取ったり足したりしてないから同じ」（同一性），あるいは「元に戻せば同じになる」（可逆性）という理由をあげて，両者が同じであると答えるようになる。これは知覚上の変化に左右されずに，も

のごとの基本や本質について判断することができるようになったことを示している。

(4) 形式的操作期

認知発達の最終段階，つまり大人の知的能力の構造は「仮説演繹的思考」によって特徴づけられる。ここにいたり，それまでの経験的事実に基づく思考だけではなく，経験に頼らない仮説的，形式論理的な操作や抽象的な思考が可能になってくる。このことを演繹推理の代表例として条件推理を取り上げて，見てみることにしよう。

　　もし昆虫ならば6本の足をもつ。トンボは昆虫である。
　　→　だから，トンボの足は6本ある。

この推理は，形式的には「もしpならばqである」「pである」だから「qである」という論理にしたがったものであるが，pとqの関係が日常の経験的事実と合致しているかぎり，具体的操作期の子どもにとっても理解はさほど難しくはない。しかしながら，これが上述したような記号間の関係になったり，非現実的，反経験的な仮定や仮説に基づく推論になると，思春期以降の形式的操作期にならなければ困難なのである。

実のところ，科学技術の進歩というのは，すべてこうした仮説演繹的思考に基づくものである。空を飛ぶことなど誰一人として経験しなかった時代に，「もし空を飛ぶことができたとしたら」という当時は非現実的であった仮説から飛行機が生まれ，人間は宇宙にまで飛び出すことができるようになった。私たちの日常生活における道具や技術の多くは，こうした思考から生み出されたものである。

また，形式的操作期の論理的思考によって，具体物でないゆえにそれまでは考えることができなかったさまざまな抽象的概念，たとえば，友情や愛情であるとか，自分自身の社会的役割や将来像といった問題について思い，悩むことができるようになる。思春期以降，人生や人間関係のあり方についての悩みが出現するのは，そうした問題について悩むことが可能な知的発達段階に到達したのだともいえるかもしれない。

3 道徳性の発達

　私たちの社会には，ものごとや人の振る舞いについて善いことと悪いこと，望ましいことと望ましくないことが存在する。こうした社会的規範を内面化して，自らの行動を自律的にコントロールすることを道徳性と呼ぶ。人の道徳的行動や善悪を見極める道徳的判断は，どのように発達していくのだろうか。

　ピアジェは認知発達に関する研究のなかで，子どもたちが遊びのルールをどのように受け入れていくかについて観察し，ルールにまったく無頓着な段階から，大人や権威者が決めたルールを墨守する段階を経て，みんなが同意さえすれば変更することも可能なものと考える段階へと発達することを見いだした。道徳性の中心概念はルールに対する尊重であると言ってもいいが，彼は子どもにおけるこうしたルールの検討から，道徳的発達の研究へと進んでいったのである。このピアジェの道徳的判断に関する研究をさらに発展させたのが，コールバーグ（Kohlberg, L.）である。次のような例について考えてみよう。

　　ひとりの女性が末期ガンで重篤な状態に陥っていた。医者は，最近，町の薬剤師が開発したある薬が彼女にきわめて効果があると考えていた。その薬剤師は，特効薬の開発費 200 ドルに対して，販売価格を 2000 ドルとしていた。患者の夫は，薬代を親戚や知人に工面して回ったが，1000 ドルしか集められなかった。彼は薬剤師に妻が死の床にあることを説明し，薬代金を後払いにしてくれるよう頼んだ。薬剤師はその依頼を断り，「私がその薬を開発したんだから，自分にはそれでお金儲けする権利がある」と述べた。夫は捨て鉢になって薬局に押し入り，薬を盗んでしまった。

　この“薬泥棒”に見られる夫の行動をあなたはどのように考えるだろうか。コールバーグは，ここで示したような道徳的な判断や決定をしなければならない状況を記した物語を子どもたちに提示し，その判断や決定の背後にある道徳的推理のありようを記録したのである。その結果，表 2.2 に示したような 3 水準 6 段階の道徳的判断に関する発達傾向を見いだした。

　“薬泥棒”の事例に対する各段階での判断例をあげるとすれば，次のようになろう。

段階1：「泥棒は捕らえられ，罰せられるから，盗むのはよくない。」
段階2：「妻のために当然薬を盗むべきだ。」
段階3：「妻を愛しているなら，夫は薬を盗むだろうし，盗むべきである。」
段階4：「盗みは法律に反するし，そうしたことは混乱を招くので盗むべきではない。」
段階5：「原則として法律には従うべきだが，命は何者にもかえがたいことから，盗みは正当化される。」
段階6：「愛情，生命は人間の最高の価値であるから，すべてに優先しなければならない。」

こうしたコールバーグの発達段階は，文化を越えて出現することが確かめられている。また，加齢にともなって，より高次な段階の判断が出現する割合は増加していくが，個々人の道徳的判断についてみると，時と場合によっていくつかの段階にまたがった判断が混在するということもありうる。

道徳的判断は，基本的には他律から自律へという方向で発達していく。道徳

表2.2　道徳的判断の発達段階

水準Ⅰ（慣習的水準以前の段階）：道徳的価値は善悪についての知識の程度によるところが大きい。判断は賞や罰などの外的基準に左右されたものとなる。 　**段階1**（服従と罰への志向）：物理的制裁や罰を避け，自分の認めた権威に服従する他律的道徳段階。 　**段階2**（素朴な自己中心的志向）：自他の要求を満足させるための行いが正しい行動であると考える。報酬や利益中心の個人主義的段階。
水準Ⅱ（慣習的水準の段階）：社会的規範や慣習的な秩序，他者の期待に合致するような判断を行う。 　**段階3**（よい子志向）：他人や社会の是認する行いが正しい行動であると考える。大多数がもつ典型的なイメージや役割に合致・同調した判断を行う。 　**段階4**（権威・社会的秩序志向）：義務を果たし，権威を崇拝し，社会的秩序を維持することが正しい行動であると考える。
水準Ⅲ（自律的・自己原則的水準）：社会的規範，正義や義務に従うが，場合によっては慣習的な規準を越えた行動を道徳的・倫理的と考えることもある。 　**段階5**（社会的契約・遵法志向）：義務は他人の意志や権利を侵さないことととらえ，公益や多数の幸福に道徳的価値をおく。 　**段階6**（良心・普遍的原理志向）：現実の社会的規則だけでなく，論理的な普遍性や一貫性に基づいて判断がなされるべきと考える。また，自らの良心や相互の尊敬と信頼を志向する。

性の発達は，周りから与えられる規範や慣習を受動的に受け入れることによるのではなく，日常生活で起こるさまざまな出来事に主体的に働きかけるなかで，自らの認知構造のなかに統合していく過程なのである。

4 言語の発達

　言語を用いることは，もっぱら人間のみに許された能力であると考えられてきた。しかし，チンパンジーなどの高度な学習能力をもつ類人猿では，100語以上の単語（記号）を覚え，それらを組み合わせて，「『黄色い』『花が咲いてる』」のように，それまでに学習したことのない文をつくり出すことが知られている。また最近では，扉を開けることに関連して「開ける」という記号を学習したチンパンジーは，それを冷蔵庫や引き出し，容器などを「開ける」ことにも適切に応用することが明らかになっている。とはいっても，音声言語や多様な記号言語を駆使して，意思や情報の伝達，複雑な思考活動を行うのは，やはり人間のみに与えられた能力であるといえよう。

(1) 言語のはたらき

　言語にはさまざまな機能がある。最も重要なのが意思や情報の伝達手段としてのはたらきである。また，書物やDVDなどの記憶媒体に文字のかたちで知識や情報を保存しておくことができる。私たちはこのお陰で，過去の歴史について知ったり，文化や科学技術を発展させることが可能になった。さらに，言語は自己の行動を調整する機能をもっている。たとえば，野球でバッターボックスに立った打者が「行くゾ！」などと口にしたりすることがあるが，これは相手投手に向けた伝達のことばではなく，自分自身に活を入れるために発せられたものである。私たちは，こうしたことばを用いることよって新しい行動生起のきっかけにしたり，行動を目標に向かって方向づけたりする。

　もうひとつあげなければならないのは，言語は認知・思考様式に影響を与えるという点である。私たちは母語である言語を用いて，ものを見たり考えたりする。したがって，母語とする言語の構造，すなわち構文法の型だとか語彙の体系によって，ものの見方・考え方は影響を受けることになる。たとえば，わ

が国では「虹は七色」と決まっているが、世界には色名の語彙によって5色であったり、4色であったりするところもある。また、日本人がイエス・ノーを明確に意思表示しない傾向と日本語との関連が取りざたされるのも、こうした理由によっている。

(2) 言語の発生

新生児は生後1カ月頃から、泣き声とは異なった「あー」「うー」といった音声を発するようになる。そして、2、3カ月ほどで今度は「ma ma ma」「ba ba ba」といった反復音、つまり喃語(なんご)がでてくるが、いまだコミュニケーションとしてのはたらきをもつものではない。

伝達の機能をもった最初のことばが現れるのは生後1年ごろで、「ママ！」などの一語発話として出現する。ここではじめて、子どもの言語が音声と結びついたものとなるが、これには認知発達における「物体の永続性」概念の理解が密接にかかわっている。つまり、現前にはない（したがって、目には見えない）が確実に存在するものと、模倣によって得られた音声を記号として組み合わせることで、ことばは特定のものを指示したり、代表したりする機能を獲得するのである。こうした言語の発達には、子どもと親との間の親密な関係が重要であり、新生児期の声かけや笑い、アイ・コンタクトなどの働きかけが喃語の頻度を増加させることが知られている。

(3) 言語習得の理論

子どもが大人の簡単な発話を理解する能力は、生後1年ごろまでに急速に発達する。そして、このころになると初語が現れ、生後18カ月前後には語と語を結合させた2語文をつくることができるようになる。語彙の数も2歳を過ぎるころには200語から300語を覚え、5歳になると2000語以上を習得する。このように子どもは生後数年間という短い間に、限られた言語体験のなかから、多様な状況に応じた新しい文をつくり出すことができるようになる。

こうした言語の発達や獲得を説明する仮説のひとつとして、刺激－反応－強化といった条件づけ原理に基づいた一種の連合説があげられる。スキナー(Skinner, B.F.)は、子どもがあることばを模倣し、それが特定の対象と結びつ

いたとき，大人からのなんらかの社会的報酬が与えられ，強化されることによって言語獲得がなされるとした。この考え方は，長い間心理学の領域で支持されてきたが，きわめて短期間の間に急速に成し遂げられる子どもの言語発達を説明するには無理があった。この仮説では，無限の変化に富んだ文章を生み出すという人間の言語発達の特徴は理解できないからである。

　これに対してアメリカの言語学者チョムスキー（Chomsky, N.A.）は，人間には生まれつき言語を獲得する装置が備わるとする生得説を主張した。人は世界中のすべての言語に共通する原理である「普遍文法」と，個別の言語に対応するための言語獲得関数（パラメータ）をもって生まれる。そして，それぞれの母語による言語経験が言語獲得装置を介して言語獲得関数を起動させ，個々の言語の文法が出現すると考える。この文法がもとになって，学習したことのないまったく新しい文章が創出されるとするのである。

　これらの考え方はいずれも仮説であって，言語獲得のメカニズムは十分解明されたわけではない。いずれにしろ重要なのは，言語の獲得は出生直後から始まる親と子の相互作用の営みのなかでなされるのであり，両者の間に暖かく親密な関係の成立していることが，スムーズな言語獲得を支えているという点であろう。

【石田　裕久】

3　社会的発達

1　アタッチメント

　人が出生後最初にもつ対人関係は母親など養育者との関係である。乳幼児は母親のそばにいようとし，未知の状況でも母親を拠り所に安心して過ごせるが，その姿が見えなくなると混乱する。子どもが母親のような特定の人物に示すこのような情愛の絆を，ボウルビー（Bowlby, J.）は，アタッチメント（attachment, 愛着）と名づけた。

　アインズワース（Ainsworth, M.D.S.）らは，ストレンジ・シチュエーション法により，1歳児のアタッチメントを測定した。これは，次のような3分間ずつ

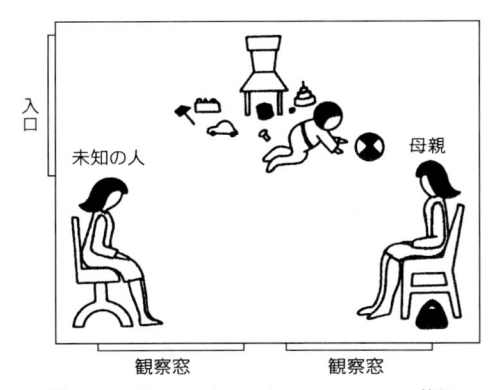

図 2.4 ストレンジ・シチュエーションの状況
(出所：Ainsworth, M.D.S., et al. 1978 *Patterns of attachment: A psychological study of the strange situation.* Hillsdale, NJ:LEA.)

の段階から構成されている（図2.4）。

① 母子が実験者に案内され実験室という未知の場に入る。子どもは部屋を自由に探索し，玩具で自由に遊んでよい。

② 初対面の大人が入室し，母親と話し，子どもに働きかける。

③ 母親が部屋を出ていき，子どもは未知の人と2人になる。

④ 母が戻り，未知の人は出ていく。

⑤ 母が再度出ていき，子どもは1人きりとなる。

⑥ 未知の人が戻る。

⑦ 母が戻り，未知の人は出ていく。

この一連のストレスフルな過程で観察された探索，泣き，母親への接触などの行動をもとに子どもは3つの群に分けられた。

A群（回避型：出現率は 21.7 %）は母親との分離場面で泣くことはなく，母との再会場面でも母を無視・回避して接触を求めない子どもである。B群（安定型：66.0 %）は母親といっしょにいるときは安定し，積極的に場の探索を行う子どもで，母との分離場面では探索は減り，苦痛を示すが，母親と再会すると安定を取り戻す。C群（抵抗型：12.3 %）は母親といっしょにいるときも不安を示し，分離すると強い苦痛を示す。再会場面では母親に強い接触を求める一方で，抱かれるのをいやがるといった，両価的な反応を示す。

B群が怒りや不安の表出が最も少なく，母親を安全基地として積極的に環境の探索を行うことから，最も安定したアタッチメントをもつとされる。B群はまた後の発達も良好であることが見いだされている。たとえば，1歳半の時B群であった子どもは他の群の子どもに比べ，2歳の時，課題解決（チューブの中

のものを棒を使って取り出す) に母親の示唆を取り入れながら欲求不満を起こすことなく熱心に取り組み，また自由な遊びのなかではイメージ豊かな象徴遊びを行うことが多かった。B群の子どもは幼児期には仲間に向社会的で良好な関係をもちやすい。それに対し，A群の子どもは幼児期に仲間に攻撃的，敵対的に振る舞うことが多く，その結果仲間から拒否されることが多い。C群の子どもは仲間と積極的に関係を結ぶことができず，従属的で引っ込み思案になりやすい。

ところで，日本ではB群の出現率はアインズワースらのアメリカのデータとほぼ同じだが (68%)，A群 (0%) はまったく見られず，C群 (32%) がアメリカのデータより多い。A群が見られないのは，日本ではともに寝るといったように日頃から母子が密着しており，母親の拒否的な対応が少ないことによるのであろう。それだけに1人にされるというストレンジ・シチュエーション状況は日本の子には大きなストレスとなり，C群が多くなったと考えられる。このように，愛着の測定には文化的な差異も考慮されなければならない。

さて，アタッチメントが重視されるのは，その形成過程で人が内的作業モデルをつくり，それが後の対人関係に影響すると考えられているからである。内的作業モデルとは，他者との関係をもつ際に働く対人関係の解釈や行動発現の表象モデルである。安定したアタッチメントを形成した子どもは，他者は信頼できるという肯定的な表象モデルをもち，また同時に他者から受け入れられている自分に対しても肯定的な表象モデルをもつ。一方不安定な愛着を形成した子どもは，他者は信頼できない，自分は他者から大切にされることのない価値のない存在であるという表象モデルをもつ。このような内的表象モデルは，後の人生で出会う仲間関係や恋愛関係場面で無意識に作用する。安定したアタッチメントをもつ者は対人場面で肯定的に行動でき，良好な関係をつくれるのに対し，不安定なアタッチメントをもつ者は他者や自己を信頼できず，不適切な行動をとり，良好な関係をつくることが難しくなる。

2 仲間関係

(1) 幼児期の仲間関係

　家庭のなかの親やきょうだいとの関係が中心であった乳児も，幼児期になり幼稚園などの家庭外の場で同年齢の仲間と出会うことになる。

　3歳は仲間の行動や存在に関心をもつようになり，3歳後半には仲間を誘ったり，おもちゃを共有したり交代で使うようになる。

　4歳ごろから仲間との協同遊びに参加し始め，ごっこ遊びのような役割を分担し合う社会的な協同が可能になる。遊びは男女別に分かれていく。中澤潤の研究では，幼稚園に入園した4歳児のクラスの観察から，入園1週間目には孤立行動が76％見られたが，4週後には50％へと低下していき，この間に同性の幼児との相互作用が増加することが報告されている。仲間との遊びのなかで，幼児は次第に仲間ひとりひとりの違いに気づくようになる。これが，人気のある子，排斥される子，無視される子の違いを生むことになる。入園1カ月後に仲間から遊びたいと選ばれる子はそうでない子に比べ，それまで相互作用を行った同性の人数が多く，またポジティブ（肯定的・友好的・受容的）な働きかけや，他者から受けるポジティブな働きかけがそれぞれ高かった。入園当初に仲間から受け入れられる幼児は，交流の多さをもたらす対人的な積極性をもつ子であり，その際に相手のいやがらない友好的な働きかけを多く行う子であるといえる。逆に，仲間関係をうまくもてない子は，他児に対する友好的な働きかけに乏しい子である。

　仲間関係のなかでもとくに特定の人物との好感をもったお互いを心理的に支え合うような親密な関係を友人関係と呼ぶ。幼児期にはこのような友人関係も生まれる。初期には物理的に近い（家が近い，通園が一緒）や，おもしろいおもちゃをもっているといったことから友人関係が生まれるが，次第にいっしょに遊んでいて楽しい子，自分の気の合う子が「友だち」になっていく。4歳新入園幼児は入園後1.5カ月目には常に行動をともにする「友だち」をもち始める。

　5歳になれば，気の合う同性の友だちとの活動が中心となり，遊びの内容も男女により大きく異なり，男児は室外での活動的な遊びを，女児は室内での製

作やごっこ遊びを好むようになる。しかし同時に，クラス意識のような集団意識ももつようになる。

(2) 児童期の仲間関係

小学校に入り，少しずつ親離れが進むと，仲間はますます大切なものとなる。児童期中期以降，仲間関係は同性の互いに親密な関係をもつ4-5人の閉鎖的なものとなっていく。秘密基地を作ったり，そのグループのなかだけで通用することばやギャグ，ルールなどをつくることで，仲間同士の結束を高めたり，他のグループへの対抗意識をもつようになる。このような集団をギャング・グループと呼び，この時期をギャング・エイジという。ギャング・グループのなかで，子どもは役割，規範，責任，約束などさまざまな社会的なことがらを学ぶ。しかしながら，ビデオゲームの普及や塾通いの低年齢化，さらに子どもを対象とする犯罪などのため子どもが自由に放課後に遊べる場や時間は少ない。NHK世論調査部の調査によれば，遊ぶ場所として「公園・グラウンドなど」は1984年から89年にかけ，51％から46％に減少し，「自分の家の中」は37％から42％に増加している。そのため，最近ではギャング・グループのような密接な仲間関係をもてない子どもも多い。

(3) 青年期の仲間関係

青年期は心身の変化や親からの自立が進み，「第2の誕生」とも呼ばれる。それまで依存していた親から自立し離れることには不安や恐れもともなう。そのため青年には自己の悩みや考えを語り合う同世代の仲間が必要となる。興味や関心の共通する少数の友人との自己の内面を打ち明け合う親密な交流は，自分が孤立しているのではないという感じを与える。その反面，孤立したくない，皆と同じでないと不安だという心理が，仲間への同調や服従をもたらす。

中学生から大学生の仲間関係の発達をみると，男子では同一の活動を行うことを重視する関係（共有活動）から，互いの相違点を理解し尊重し合う関係（相互理解活動）へ，女子は友人との類似性を重視した親密な関係（親密確認活動）から他者を入れない絆をつくる閉鎖的な関係（閉鎖的活動）へ，さらに互いの相違を理解し尊重し合う関係（相互理解活動）へと変化する（図2.5）。すなわち，男女

図2.5 青年の友人との活動

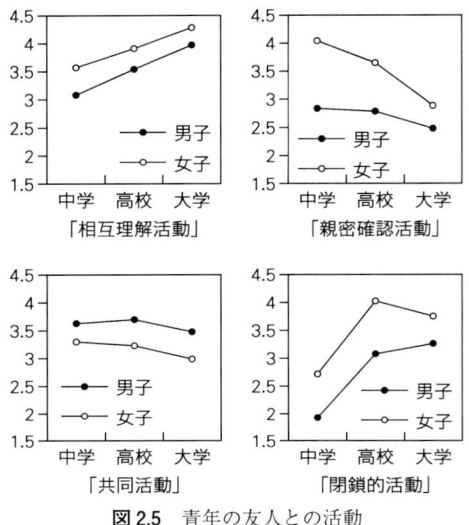

（出所：榎本淳子　1999　青年期における友人との活動と友人に対する感情の発達的変化　教育心理学研究，47.）

ともに青年期に入った当初には，外観や行動が仲間と同じであることを重視するが，自己意識が高まるにつれ仲間と同じであるよりも互いの違いを尊重する関係へと変化していくのである。

　保坂亨は，このような青年期の仲間関係の変化を，ギャング，チャム，ピアという3つの仲間関係の発達として説明している。ギャング・グループは前述のように児童期の後半に現れ，学校外で同じ行動をすることがグループの一体感を強め，同じ行動をする者を友人とみなし，遊びを共有できない者は集団から排除される。青年期前期にはチャム・グループが生まれる。チャム・グループは同じ興味，考え，活動，ことばで共有されるグループで，主に学校内での活動が中心となる。最後にピア・グループが青年期中期に現れる。このグループでは，互いの価値観や考え，将来の展望などについて語られ，自己の確立と他者との違いを踏まえた他者尊重が特徴である。

　チャム・グループでは，友だちにあわせることへの圧力がいちじるしく高い。したがって，万引きや喫煙などの反社会的行動が仲間からの圧力のなかで黙認されたり評価される。また集団への服従を強化するために仲間からの排除やいじめが行われる。近年，子どもはギャング・グループを十分経験する機会が失われ，そのため，行動を通した集団への一体感を十分味わうことのないまま，チャム・グループにおけるいじめや排斥を行うことが一体感を得る手段となっている。とくに，協同の和や集団の圧力の強い日本ではこのチャム・グループが中学生にとって大きな力をもちやすい。

(4) 社会的認知

仲間の遊びに加わる，順番を守らない仲間にきちんと文句をいう，仲間が困っていることに気づき助けるなど，子どもは日常のなかでさまざまな社会的行動を求められる。これらの場面で適切に行動できるか否かは，良好な仲間関係をもつうえで重要である。状況に応じた行動がとれるかどうかを左右するのが，状況を適切にとらえる社会的認知能力である。ダッジ（Dodge, K.A.）らはこのような社会的場面における認知能力を，社会的情報処理という観点から説明する。ある社会的状況に直面する子どもは，その状況のなかの社会的手がかり（相手の表情や言動など）を知覚し，それを，

① 符号化（表情や言動などの手がかりに注目し，情報として入力する）
② 解釈（手がかりを過去経験に基づく知識と照合し，その意味を解釈する：相手が怖い顔をしていれば，敵意をもっていると解釈するなど）
③ 反応探索（解釈に応じた適切な反応を自分のデータベースのなかから探索する；敵意をもった相手からは遠ざかる行動が適切であるなど）
④ 反応決定（探索した反応それぞれが引き起こす結果を予測評価し，最適な反応を決定する）
⑤ 実行（選択された最適な反応を行動に表す）

という5つのステップからなる情報処理の過程を通して社会的行動を表出する。小学校2-4年生の攻撃的な児童は，平均的な児童と比べて，情報処理の各ステップで欠陥を示す者の割合が多い。すなわち対人関係で不適切な行動を示す乱暴な子どもの行動の背景には，適切な社会的な情報処理が

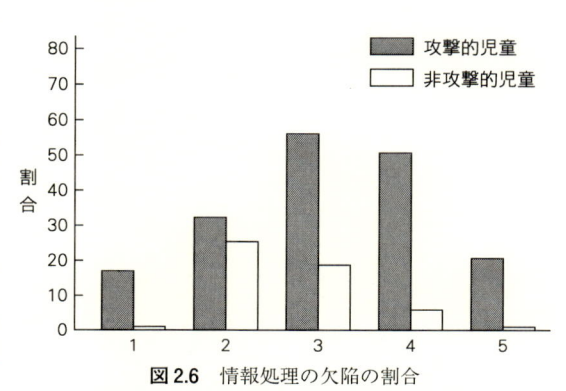

図2.6 情報処理の欠陥の割合

(出所：Dodge, K.A., Pettit, G.S., McClaskey, C.L., & Brown, M.M. 1986 Social competence in children. *Monographs of the Society for Research in Child Development*, 5,2 (Serial No. 213))

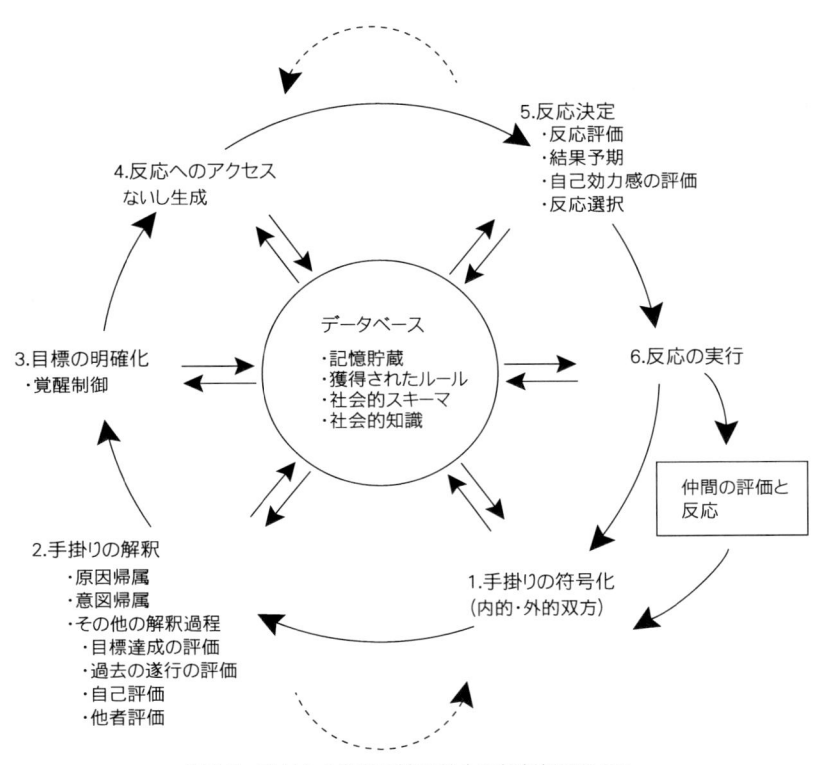

図 2.7 子どもの適応の改訂社会的情報処理モデル
(出所:Click, N.R., & Dodge, K.A. 1994 A review and refomation of social-information-processing mechanisms in children's social adjustment. *Psychological Bulletin*, 115.)

行えていないことが示されている(図 2.6)。この考え方には,解釈の後に新たに目標設定(この状況で最終的に自分が達成したいことがらの自己決定)のステップを加えることや(図 2.7),情緒の制御を組み込むことなど多様な試みが行われている。対人的な場面における相手の感情や行動の読み取りや適切な行動の選択は,幼児期から児童期にわたる仲間とのやりとりのなかで獲得されるものであり,仲間との遊びなどを通した十分な交流体験の重要性が示唆される。

3 自己意識の発達

　自分という存在の自覚や自己の理解はどのように進んでいくのだろう。乳児期の当初は，まだ自己の存在や自他の区別を意識することはないと考えられる。最初に意識される自己は，身体的な自己である。たとえば，乳児は第一次循環反応において指しゃぶりなど自己の体への働きかけを行うが，指を強く噛んで泣き出すことがある。このようなときに自己の体を意識することになる。また第二次循環反応においては物に対する働きかけをし，その反応を楽しむが，これを通して，行為の主体としての自己と，その対象である環境のなかの物との区別が徐々についていくのであろう。

　鏡に対する反応は自己への気づきがあるかどうかのよい指標となる。ルイス(Lewis, M.)らは子どもの鼻に気づかれぬように口紅をつけ，鏡の前での反応を見た。鼻についた口紅に触れようとする反応（つまり，鏡に映った顔を自分の顔であると認識していることの反映としての反応）は15カ月から18カ月で出現した。このことから，1歳半から2歳までのころに，鏡に映った自分を自分として認識できるようになることがわかる。また自分の名前を呼ばれて自分を指さしたり，自分の名前が言えるようになるのもこの時期である。

　運動能力の発達とともに自分でできる行動も増え，幼児は次第に自己に自信をもち，母親の援助・保護を離れ，なんでも自力でやろうとするようになる。しかしそれは大人から見ると非常に不安定なもので，必然的に叱責や禁止・命令が多くなる。これに対し，幼児が自分の欲求や主張を通そうとして反抗する時期がだいたい2歳半から3歳ごろにあらわれる。これを第一反抗期という。反抗期は自我や自意識の確立の指標であり，発達の過程では必然的なものである。

　児童期から青年期の自己概念の発達について，モンテマイヤー(Montemayor, R.)らは20答法（「Who am I ?」という問いに答える文を20書く）を10, 12, 14, 16, 18歳に求めた。発達的に「居住」（アメリカ人，○○に住んでる），「所有」（犬を飼ってる，自転車を持ってる），「身体自己」（太っている）の3つのカテゴリーに分けられる文の数は低下し，「職業」（医者になりたい），「実存」（私，自分），「思

想や信念」(リベラル，平和主義者)，「自己規定」(野心家，ハードワーカー)，「統一感」(調和している，ごちゃごちゃ)，「対人スタイル」(友好的，公平，恥ずかしがり)，「心理スタイル」(ハッピー，穏やか)の7つのカテゴリーの文は増加した。青年になると自分の将来のことや対人的，心理的なことなど自己をより抽象化してとらえることができるようになることがわかる。

　第二次性徴の発現をきっかけとする生理的成熟は，思春期の始まりとなる。それまでの比較的安定した親子関係も，思春期に入ると大きく変化していく。中学生ともなると，両親や教師など，周囲の大人や権威に対して拒否的，反抗的態度を示す時期がみられる。これを，第二反抗期と呼ぶ。この反抗は自我の成熟や行動身体能力の増大による自立意識が発達している一方で，大人からは子ども扱いされたり，考えや行動が社会的経験や思考力の不足を理由に反対されることから生じる。第二反抗期における葛藤は，子どもにとっては，自我の強化や，論理的な思考や説得的な論理展開，他者の視点を考慮し自己中心性を脱していくなど多様な経験を得る機会ともなる。

　青年が親への依存から離れ，精神的に独立し，自己の判断と責任に基づいて行動することを心理的離乳と呼ぶ。青年自身には青年の自立と親への依存欲求の葛藤があり，親の側にも自立を求める気持ちと子どもが去っていく不安や寂しさがある。このような子どもと親の複雑な心理過程を通して，心理的離乳は行われていく。

　青年期はまた生理的変化や心理的離乳を通して，一人の自立した存在としての自分とはどのようなものかを問う時期である。青年は将来の多様な可能性と自分の適性や能力を照らし合わせながら，自己の理想と現実のズレなど，多様な心理的な危機に直面する。青年はこのような危機を克服しながら，現実的な自分の姿をとらえ「自分」を確立する。これを，エリクソン(Erikson, E.H.)は「自我同一性の確立」と名づけた。同一性とは「自分は〇〇である」という感覚をいう。青年期は一人前の社会人になる前であり，社会的な義務や責任は猶予されている。エリクソンはこの時期を心理社会的モラトリアムと呼んだ。青年のなかにはモラトリアムが長く続き，自己の生き方がなかなか定まらず，自

分の可能性を焦点化できず，いつまでもどう生きていくのかが判断できない者もいる。このような状態は「同一性の混乱」と呼ばれる。「自我同一性の確立」は青年期の発達課題であるが，その達成は必ずしも容易ではなく，適切な進路・職業指導が重要で，危機克服の過程ではカウンセリングなど心理的支援が必要となることもある。

4　社会的発達と環境移行

　環境移行とは入学や卒業，就職など人生のなかで生じる出来事により環境が変わることをいう。環境移行では新たな環境のなかで心理的安定を得るために新たな関係性を構築していかなければならず，それは一種の危機となる。同時にそれはそれまで培ったものを再構成し，新たな関係を築いていく大きな成長の機会ともなる。

(1)　家庭から園へ

　家庭のなかで母親との親密で配慮に満ちた対人関係のなかから，幼児は見知らぬ子どもたちのいる幼稚園や保育所に参加することになる。ピーク (Peak, L.) は，家庭では甘えがちでわがままな日本の幼児が，園という集団生活での習慣や態度をどのように獲得していくのかを観察した。まず，親は家庭で入園前に園へのよいイメージを与え，幼児は入園に大きな期待をもつ。入園式により，新しい発達の段階（お兄さん・お姉さん）になったことが子ども自身にも自覚される。保育者は，入園当初，園が楽しく安心できる場であるようにしながら，日課に慣れさせ，集団生活に相応しい習慣や態度の定着を図る。これは直接的な訓練ではなく，モデリングなどによる間接的な指導や個々の子どもへの配慮や行動の援助により行われる。保育者は子どもの不適切な行動を権威によって抑えることは可能なかぎり避け，単に無視することで対応する。

(2)　園から学校へ

　幼稚園や保育園と，小学校は異なる点が多い。登下校に親は同伴せず，授業という単位で時間が区切られ，机について勉強しなければならない。また，園では年長の「お兄さん・お姉さん」としてリーダー的に振る舞っていたのが，

小学校では何も知らない・何もできない1年生として扱われる。

　進野智子・小林小夜子によると，幼稚園教員は小学校教員より幼児について「遊び方や制作などにアイデアを持っている」「してはいけないと言われたことはしない」「園での決まりをいちいち言われなくても守れる」など肯定的な側面で高く評定し，小学校教員は幼稚園教員より児童を「制止するとわざとする」「人の目を引こうと目立ったことや変わったことをしてみる」「ちょっと失敗したりうまくいかないと，すぐにあきらめてしまう」などの否定的な側面で高く評定していた。子どものできる面を肯定的にとらえようとする幼稚園教員に対して，小学校教員は子どものできない面に注目し，やや厳しくとらえる傾向がある。これは，幼稚園から小学校に上がる子どもにとっては心理的な圧迫となるであろう。保育者と小学校教員が互いの教育内容や幼児・児童の特性を理解し，教育の連続性を意識した実践が必要となる。

(3) 小学校から中学校へ

　親からの心理的離乳の不安感をもちながら，子どもたちは小学校から中学校への移行に直面する。いくつかの小学校から生徒が集まる中学校で，子どもは新しい人間関係を築かなくてはならない。専科は別としても基本的に子どもの生活全般を見ていてくれた小学校までのクラス担任とは異なり，中学校は教科担任制となる。小学校のクラス担任なら教科ごとの宿題の量の調整や，子どもの教科による活動の違いを踏まえた対応ができるが，中学校ではそのようなわけにはいかない。学業成績が重視され，中間テスト，期末テストといった定期テストが始まり，自分の学力に直面させられる。また数年後の高校入試を嫌でも意識させられることになる。制服や校則も重視され，違反には厳しい指導が行われる。部活動では，先輩・後輩との付き合いや練習などの重みが大きく，ここでも自分の実力の現実に直面させられる。このような，中学校への移行はちょうど思春期という時期と重なっており，その克服には多くの困難さがある。これが小学校に比べ中学校で不登校が急増することの原因のひとつであろう。子どもがこのような厳しい環境移行をこなしているということや，そこで懸命に苦闘している姿に目を向けていく必要がある。

【中澤　潤】

参考文献

〔1節〕
高橋恵子・波多野誼余夫　1990　生涯発達の心理学　岩波書店
ヴィゴツキー　柴田義松訳　2001　思考と言語　新読書社
〔2節〕
立花隆　1996　サル学の現在（上・下）　文春文庫
内田伸子編　2006　発達心理学キーワード　有斐閣
湯川良三編　1993　知的機能の発達（新・児童心理学講座4）　金子書房
杉江修治　1999　児童生徒理解の教育心理学　揺籃社
〔3節〕
数井みゆき・遠藤利彦　2005　アタッチメント―生涯にわたる絆―　ミネルヴァ書房
　　アッシャー，S.R.，クーイ，J. D.　山崎晃・中澤潤監訳　1996　子どもと仲間の心理学―友だちを拒否するこころ―　北大路書房（Asher, S.R. & Coie, J.D. 1990 *Peer rejection in childhood*. New York: Cambridge University Press.）
エリクソン，E. H.　仁科弥生訳　1977，1980　幼児期と社会1・2　みすず書房（Erikson, E.H. 1963 *Childhood and society*. (2nd ed.) New York: Norton）

演習問題

〔1節〕
1　発達の過程に及ぼす遺伝と環境のかかわりに関する理論の展開をまとめよ。
2　子どもの発達に環境が及ぼす影響の事例をあげよ。
3　発達における初期経験，臨界期（敏感期）の意義を説明せよ。
4　レディネス研究の展開と教育のかかわりについて説明せよ。
〔2節〕
1　正しい用語を用いて，ピアジェによる知的発達段階を解説せよ。
2　道徳性の発達過程を概説せよ。
3　言語のはたらきと習得過程を解説せよ。
〔3節〕
1　アタッチメントが初期の発達に与える影響を解説せよ。
2　社会的認知能力の発達に果たす仲間関係の意義をまとめよ。
3　自己同一性にいたる自己意識の発達の過程をまとめよ。

第3章　育ちの理解：個人差への対応

1　個人差の理解

　人は経験（遊びや学び）を通してダイナミックに発達的変容をとげていく存在である。したがって，乳幼児が生まれ育つ家庭での経験も重要であるが，学校等で営まれている組織的な学習という経験も，子どもたちが私たちの社会を支える成員として成長するためにきわめて重要な機能をはたす。しかし，一般的に効果があると思われている学習等の経験が，すべての子どもにとって一様に有効であるとはかぎらない。なぜなら，子どもたちの間には，生得的な特性の違いや就園・就学までのさまざまな体験の違いに起因する個人差があるからである。子どもの成長・発達を支える指導者には，このような子どもの特徴に応じた教育的働きかけが求められる。この節では，心理学のなかで，個人差として研究が盛んになされてきた知能とパーソナリティを取り上げる。

1　知能と個人差
(1)　知能の定義
　知能とは，情報を記憶し再生する力，知識，計算能力，思考力（論理的にものごとを考える，複数の経験を統合する，限られた情報から何かを推理する等），適応能力（経験から学んだことを新しい状況に応用する）などを含む総合的な能力であると考えられている。あえて分類すれば，学習能力，思考能力，環境適応能力であるが，これらは別々の能力ではなく相互に関連したものである。最も広義で包括的な知能の定義としては「目的的に活動し，合理的に思考し，その環境を能率的に処理する個人の総合的・全体的な能力」（ウェクスラー Wechsler, D.）が

ある。また，学問的な応用という視点に立てば，なんらかの方法によって知能を顕在化させる必要があり，「知能とは知能検査で測定できるものである」といった操作的で範囲を限定した立場をとる研究者もいる。

(2) **知能検査の開発**

知能の個人差や発達差を測定する試みとして，19世紀から20世紀初頭にかけて心理学者たちが知能検査を開発した。その原型は，1905年にフランスのビネー（Binet, A.）とシモン（Simon, T.）が，通常の学校生活についていけない子を客観的に発見する手段として開発した「ビネー・シモン式知能検査」である。この検査の効用に注目したアメリカのターマン（Terman, L.M.）は，その改良版として「スタンフォード・ビネーテスト」を発表し，IQ（Intelligence Quotient）という概念をはじめて導入した。これは，検査得点から判定される精神年齢（MA: Mental Age）と実際の年齢（CA: Chronological Age）との比率に100を乗じた「IQ＝MA/CA×100」で算出される数値であり，知的能力を客観的な尺度として世界的に普及させた。日本では「鈴木ビネー式知能検査」「田中ビネー式知能検査」として定着した。

ビネー系の検査は，検査項目を易しいものから難しいものまで年齢に対応するかたちで配置し，被検査者がどこまで回答できたのかによってIQを決めるという方法をとっている。これに対し，検査項目を測定しようとする能力別に配置し，すべての項目に対する被検査者の回答を得点化し，同年齢の得点分布上の相対的位置によってIQ（知能偏差値あるいは偏差知能指数）を決めるという方法を提起したのがウェクスラーである。このウェクスラー式知能検査の特徴は，言語性知能と動作性知能を別々に算出できる点，4歳から6歳半用の「WIPPSI」，児童用の「WISC-R」，成人用の「WAIS」が開発されている点にある。

(3) **知能の構造**

知能検査の開発や普及にともなって，知能の内容についての関心も高まってきた。IQの同じ子どもが何人かいても，子どもによって得意なものと苦手なものがあることは経験的にも推測できる。つまり，知能はさまざまな要素から

成り立っており，人により各要素のはたらきが異なるために個人差がみられるのである。そこで，知能に含まれるひとつひとつの機能を知能の構成要素（因子）として抽出し，知能の構造を明らかにしようとする研究が発展した。

スピアマン（Spearman, L.E.）は，小学生を対象として，言語能力や音楽的能力など複数の科目に対応する能力を測定する学力テストを実施し，それぞれの能力間の関係性を検討した。その結果，どの科目の課題を解くのにも共通に必要な一般因子（G因子，General Factor）と，特定の科目の課題を解くのに固有な特殊因子（S因子，Specific Factor）があるという2因子説を主張した。

これに対し，サーストン（Thurstone, L.L.）は，このような一般因子を想定しない多因子説を提唱した。彼は，大学生を対象として，多様な能力を測定したデータを収集・分析した結果，「知覚」「空間」「数」「言語」「記憶」「帰納推理」「語の流暢性」という7つの基本的因子を同定した。知能の個人差は，この7因子のプロフィールの違いとして表される。

この考え方を発展させて，知能を3次元の立体的・階層的な構造で成り立っているとしたのがギルフォード（Guilford, J.P.）である（図3.1）。彼は，人の知的

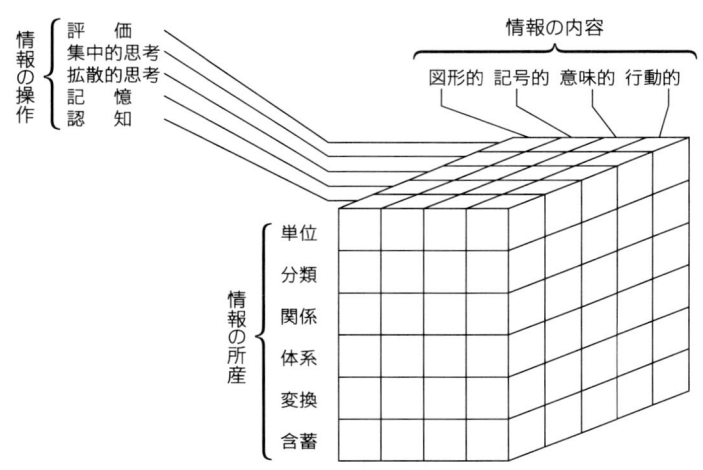

図 3.1 ギルフォードの知能構造モデル
（出所：用島信元編　1989　心理学キーワード　有斐閣双書）

能力をコンピュータのような情報処理過程のアナロジーととらえ，知能は，入力情報としての「情報の内容(4種類)」，知的処理過程としての「情報の操作(5種類)」，出力情報としての「情報の所産(6種類)」の3次元・120因子によって構成されるというモデルを提唱したのである。さらに，図3.1からわかるように，それまで問題とされてこなかった拡散的思考，すなわち創造的知能の存在が提起されている。

(4) 集中的思考と拡散的思考

ギルフォードは5つの情報操作を同定したが，そのうち，集中的(収束的)思考と拡散的思考は対照的な能力である。集中的思考とは「すでに知っている情報を手がかりにして，推論によってなんらかの結論を導き出す思考過程のこと」であり，拡散的思考，すなわち創造性とは「わずかな情報を手がかりにして，自由な発想によってさまざまな結論を生み出す思考過程のこと」である。科学技術の発明や発見，芸術作品の創作などは創造的な思考活動から生まれるのであり，これを支えている拡散的思考の大切さをギルフォードは指摘した。彼は，創造性を発揮するための重要な特性として，問題提起に関連する「流暢性(頭の回転の速さ)」「再定義力(何が問題となっているかをとらえ直す能力)」と，問題解決に関連する「柔軟性(自由に考えられる能力)」「独創性(他人と違うユニークなものを生み出す能力)」「感受性(問題点などを敏感に見いだす能力)」「綿密性(細かく思考できること)」の6つの下位因子をあげている。

拡散的思考によって問題が解決されたり新しいものが創られたりする過程を，ウォリス(Wallas, G.)は次の4つの段階に整理している。それらは「準備期(直面する問題を検討し情報を収集し解決への思いをめぐらす)」「孵化期(行き詰まって，しばらく休んでほかのことをしている)」「啓示期(問題を解決するための発想が突然にひらめく)」「検証期(ひらめきによる解決策を検討する)」である。ここから，創造に至るまでのプロセスには，綿密な計画や周到な準備とともに，一見何も考えない時期も必要であるといえる。ともすれば，誤りを最小限に抑え，早く正確に課題をこなそうとする集中的思考にもつながる態度のみを促進させがちな日本の学校教育が，子どもの創造性に対して抑制的に働いている可能性を考慮し

ておかなくてはならない。

(5) 知能の発達的変化

　知能は加齢とともにどのように変化するのであろうか。知能は 12 歳ごろまでは急激に発達し，それ以後 20 歳ごろまではゆるやかに上昇し，20 歳以後は持続するかわずかに下降することが知られている。たとえば，ウェクスラーの研究によれば，動作性知能は青年期（14 - 15 歳）にピークを迎え，その後，徐々に衰えていくのに対し，言語性知能のピークは成人期（24 - 25 歳）にあり，それ以降ゆるやかに低下はするが老年期になってもそれほど衰えるわけではない。

　これと同様の結果が他の研究者によっても得られている。キャッテル（Cattell, R.B.）らは，知能を質的な違いに基づいて「流動性知能」と「結晶性知能」の 2 つに分類した。前者は，新しい場面への適応を必要とするときに機能する，主にスピードと正確さが求められる非言語的な検査で測定される能力であり，後者は，過去の学習経験によって獲得された判断力や習慣を指し，主に単語理解や一般的知識などとして測定される能力である。そして，彼は，流動性知能は他の生理的機能と同じように 20 歳代をピークに低下していくが，結晶性知能は老年期まで伸び続けることを明らかにしている。さらに，この事実は，複数の年齢集団に対して知能検査を行った横断的データに関して，就学年数というコホート差を考慮した分析によっても正しいことが確かめられている。

　以上からわかるように，加齢にともなって，あらゆる能力が減衰するのではなく，言語や知識などを中心とした能力はむしろ経験によって伸びていく。これは，人間の能力の発達が学校を卒業すれば終わるのではなく，生涯を通じた学習経験によって支えられることを示唆している。

(6) 知能の個人差と遺伝・環境

　私たちのもつ知的な能力が経験を通じて発達するということは上述の通りだが，私たちの能力に個人差があることは否定できない。この個人差を規定する要因として遺伝と環境をあげることができる（第 2 章 1 節も参照のこと）。

　表 3.1 は，バート（Burt, C.）が血縁者間・非血縁者の知能の類似度を調べた結果である。一卵性双生児は遺伝的に同一の個体なので，この間に見られる差異

表3.1 血縁者間・非血縁者間の知能の関係性

	組数	相関係数
親と子	374	.49
一卵性双生児　いっしょに育てられた	95	.92
一卵性双生児　別々に育てられた	53	.87
二卵性双生児　同性	71	.55
二卵性双生児　異性	56	.52
兄弟姉妹　いっしょに育てられた	264	.53
兄弟姉妹　別々に育てられた	151	.44
他人　養父母と子	88	.19
他人　いっしょに育てられた	136	.27
他人　別々に育てられた	200	−.04

（出所：Burt, C. 1966 The genetic denetic determination of differences in intelligence. *British Journal of Psychology*, 57）

は環境の要因に帰することができる。表を見ると，別々に育てられた一卵性双生児間よりもいっしょに育てられた一卵性双生児間の相関が高いので，知能に対する環境要因の優位さが読み取れる。また，一卵性双生児も二卵性双生児も，同じ家庭でいっしょに育てられた場合，環境条件はほぼ等しいので，両者それぞれの間の相関に差異が認められれば，それは遺伝要因に帰することができる。表から，一卵性双生児間の相関のほうが二卵性双生児間の相関よりも高いことから，知能に対する遺伝要因の優位さが読み取れる。このように，知能の個人差は，遺伝的要因・環境的要因のいずれによっても規定されることがわかる。

2　パーソナリティ

(1) パーソナリティの定義

人それぞれに，ある対象に関する態度，ある事柄に対する見方・考え方，ある状況おける行動などに特徴がある。このような，「態度・考え方・行動の背後にあって，その人をその人らしく顕在的に特徴づけている特性全体」をパーソナリティ（人格）と呼ぶことが多い。ただし，操作主義や行動重視の立場からは，「人が社会的環境に対して，その人が何を行うのかを予測するもの」「人が実際に示す行動パターンの総和」がパーソナリティとされ，刺激と反応との

間に構成される行動習慣の全体的体系としてパーソナリティがとらえられている。他方，オルポート（Allport, G.W.）や駒崎勉は，過去経験によって形成された人の行動や思考を規定する内部システムやこれから何がしたいのかという将来への欲求を重視する立場から，「人を特徴づけている行動と思考とを決定する精神・身体的システムであって，その人の内部に存在する力動的な組織」「社会的環境のなかで人が示すその人特有の行動様式と，その背後にある欲求の力動性」をパーソナリティとしている。

(2) パーソナリティの理論

心理学がアプローチしようとする対象は，すでに述べた知能がそうであったように，その実体を直接観察できるものではなく，このようにとらえることが現状では最も適切であろうという仮説的に想定される概念であることが多い。パーソナリティもやはり，このような仮説的構成概念であるため，それをどのようにとらえるかにはさまざまな立場があるが，それらのうち，類型論と特性論がよく知られている。

類型論は，なんらかの基準に基づいてパーソナリティを比較的少数のタイプに分類し，それによって大まかに人間を理解しようとする立場である。クレッチマー（Kretschmer, E.）は，数多くの精神病患者を臨床的に観察することを通して，疾患の種類と体格との間に一定の対応があることを発見した。すなわち，躁鬱病患者には肥満型が，統合失調症には細長型が多いことを見いだした。さらに，この対応関係は精神病患者だけにあてはまるのではなく一般化が可能だとし，それぞれ，開放的で情味が豊かであり，外に積極的に出て行こうとする「躁鬱気質」，閉鎖的で情味が乏しく，内にこもりやすい「分裂気質」と対応するとした。これに，几帳面・固執的である反面，強い自己主張や爆発的憤怒を示す「粘着気質」が闘士型の体型と関連することを加えた。また，ユング（Jung, C. G.）は，心的エネルギーが内部に向かい自己に関心が集中する「内向型」と，それが外部に向かい外部の刺激に影響されやすい「外向型」を提起した。内向型は，内気・控え目で思慮深い反面，実行力に乏しく孤独で社会的なことに興味を示さないという特徴をもち，外向型は，情緒の表出が活発で決断

が早く，他者との交わりを好むという特徴をもつ。

　特性論も，基本的には類型論と同じようにパーソナリティの分類を目的としているが，少数のタイプを想定するのではなく，パーソナリティを構成する比較的多数の分類された特性や要素を想定し，それぞれの程度を量的に測定し，それらの組み合わせであるプロフィールによって個々人のパーソナリティを記述しようとする立場である。アイゼンク(Eysenck, H.J.)は，「類型」→「特性」→「習慣的反応」→「個人の個別反応」という階層によってパーソナリティをとらえるモデルを提起した。たとえば，内向性という，より体制的な包括的概念としての類型があり，その下に一連の個人的な反応傾向として，持続性・硬さ・主観性・羞恥心・易感性などの特性のレベルが続き，さらに下層に多数の習慣的反応が位置し，最下層に具体的な生活場面における個人の行動が想定されている。そして，これら各階層間の要素の組み合わせによって，人それぞれのパーソナリティの独自性を描くことができる。なお，近年，研究者によってさまざまに提起されていた特性を，5つの基本的な次元(因子)にまとめることに妥当性があるとする研究者間の合意が得られている。これらはビッグファイブ(Big Five)と呼ばれ，パーソナリティ研究の大きな成果だといわれている。5つの因子は「外向性因子(活動性や社交性)」「調和性因子(協調性や寛大さ)」「誠実性因子(勤勉さや意思力)」「情緒安定性因子(適応や感情)」「開放性(知性や創造性)」である。

　以上から，類型論は，おおまかに上位の次元で人をまとめて概括的に説明するのに適しているのに対し，特性論は，表層的かつ具体的な環境による可変的特徴を説明するのに適しているといえよう。

(3) **パーソナリティ検査**

　パーソナリティを調べることの目的は，精神的な障害の発見や治療に役立てることと欲求・能力・適応の程度を把握することに大別できる。ここでは，後者にかかわって，パーソナリティの表層部や深層部を調べる検査法について述べる。

　パーソナリティ検査には，主に質問紙法，投影法，作業検査法がある(表

表3.2 代表的なパーソナリティ検査の一覧

検査名	検査で測定する内容など
質問紙法	
MAS	顕在性の不安　Manifest Anxiety Scaleの略
YG検査	表層・深層も含めた性格と精神障害の有無　矢田部・ギルフォード性格検査の略
MMPI	表層・深層も含めた性格と精神障害の有無　Minesota Multiphase Personality Inventoryの略
興味・態度検査	職業興味, 人生観, 態度, 知能
性度検査	女性度, 男性度
投影法	
TAT	欲求, 環境に対するコンプレックス, 生活経験, 情動　Thematic Apperception Testの略
CAT	欲求, 環境に対するコンプレックス, 生活経験, 情動　Children's Apperception Testの略
ロールシャッハテスト	深層の欲求, 精神適応障害　インクブロットを利用する
SCT	人生観, 知能, 生活経験　Sentence Completion Test（文章完成法）の略
描画テスト	言語化できない部分を取り出す　人物画, 家・木・人, 樹木（バウムテスト）などを描かせる
PFスタディ	欲求不満と適応機制　絵画を見て回答させる　ピクチャーフラストレーションテストの略
作業検査法	
クレペリン精神作業検査	日常作業のタイプや癖, 知能, 精神障害　1桁の数字の加算作業を行わせる
職業適性検査	職業適性, 技術能力
さまざまな知能検査	本節の知能のところで紹介した, WISCやビネー・シモン検査など

（出所：野崎勉著　1992　人間研究の心理学―パーソナリティの問題を中心に―　八千代出版）

3.2）。質問紙法とは，アンケート調査など質問形式で自己評価を求める方法であり，その結果に対して統計分析などが行われる。利点として，客観的なデータから統計学的に調査の信頼性や妥当性を実証できること，多人数を集団で検査できることなどがあげられる。しかし，対象者が故意に，あるいは，無意識に回答を歪めることがあり，率直な回答が得られなければパーソナリティを正しくとらえられないという欠点がある。代表的な質問紙検査に，Y-G性格検査（矢田部－ギルフォード性格検査）やミネソタ多面人格目録（MMPI）がある。

投影法とは，漠然とした図形や言葉を示されたときの対象者の反応や解釈内容を分析することによって，意識されにくい本人の行動や性格を把握する方法である。自分の示す反応がどのように解釈されるのか予想できないため，対象者が意識的に回答を歪曲することができないという利点があるが，解釈に検査者の主観が入ることや解釈に熟練と経験が必要であることなどの欠点がある。代表的な投影法には，ロールシャッハテスト，TAT（主題統覚検査），バウムテストなどがある。

　作業検査法とは，一定の作業（計算や動作，器具の操作など）を対象者に行わせ，その作業量や経過を測定することによって，本人の行動や性格を診断する方法である。これには知能検査も含まれる。対象者が意識的に回答を歪めにくく，結果の処理が単純で客観的であるという利点があるが，性格の細かい部分を把握しきれないという欠点がある。代表的な検査として，内田・クレペリン精神作業検査がある。

　この節で議論した知能やパーソナリティの研究は，大きな意味では，人間を総合的に理解しようとする学問的な試みである。そして，本節で紹介したさまざまな心理検査は，検査道具としての妥当性や信頼性が十分に吟味されたものである。したがって，これらを使って知能やパーソナリティを把握しようとすることは，血液型や占いによって対象者のすべてを言い当てようとする非科学的態度とは明らかに一線を画するものである。しかし，これらの検査が測定しうる側面には限界があり，ある検査を行ったからといって，その結果に基づいて対象者のすべてを理解できるわけではない。また，各検査には長所と欠点があるため，より信頼のおける結果を得るためにも1つの検査だけでは不十分である。つまり，対象者をできる限り正確に総合的に理解するためには，理解したい側面がなんであるのか，つまり，検査の目的がなんであるのかに応じて複数の検査を組み合わせること，すなわちテスト・バッテリーを組むことが必要である。心理検査を実施する者・利用する者は，正確な対象者の理解ために，結果を出したり解釈したりすることにかかわっては冷静で観察的な態度を，それ

に基づいて具体的に対象者に働きかけることにかかわっては温かい共感的な態度を併せもつことが求められる。

【伊藤　篤】

2 適応とカウンセリング

1　欲　求

　私たちは日々生活するなかで，あることをしたいとか，あるものが欲しいなどと思った結果，行動している。このように行動の原因となり，行動を引き起こし，目標に向かわせる力を「欲求（want）」という。これと類似の意味をもつ用語として，「動機（motive）」「動因（drive）」「要求（need）」などがある。そして私たちの行動を引き起こし，その行動を一定の目標に方向づけ，行動の終結に向かって維持・推進させる過程や機能を「動機づけ（motivation）」（第4章1節参照）という。

(1)　マレーによる欲求の分類

　マレー（Murray, H.A.）は欲求を，内臓や身体から生じる「生理的欲求」と精神的・情緒的なものを求める「心理・社会的欲求」に分類した。

　生理的欲求は，空腹，渇き，睡眠，性などのように生命の維持や種の保存に不可欠な生理的・生得的な欲求である。それに対して，心理・社会的欲求は対人関係や社会的な活動のなかで満たされる精神的・情緒的な欲求のことである。社会的欲求には，物や財産を得ようとする獲得欲求や，孤立を避け他者と積極的に交流したいという親和欲求，他者から認められたいという承認欲求など多くの種類がある。これらの欲求はそれぞれが独立して生じるとはかぎらず，目標になるあるひとつの行動に対して複数の欲求が同時にはたらくこともある。

(2)　欲求の階層

　マズロー（Maslow, A.H.）は，さまざまな欲求は独立して存在するのではなく，階層をなしていると考えた。人間の欲求は図3.2のように5種類に分かれており，最も切実で優先権をもった低次元の欲求が満たされてはじめて，次の段階の欲求へと向かう。言いかえれば，ある層での欲求満足が阻止された場合には，そ

の上層へは向かわず，欲求充足を求め続けるのである。

一番基底にあるのは，生物としての個体を維持するための「生理的欲求」である。これが満たされると次に，安全で信頼できる状況を求める「安全の欲求」が重要になる。そしてこれらが満たされると，今度は社会や他人など自分以外へと対象が移り，「所属と愛情への欲求」
が出現する。これは家族や友人などとの愛情関係を望み，所属する集団での一定の位置を占めることを望む欲求である。さらに次の「承認と自尊の欲求」は，他者から承認されたい，尊敬されたいという欲求である。これら4つの基本的欲求は，その欠乏が私たちを獲得へと動機づけるため，「欠乏欲求」とも呼ばれる。

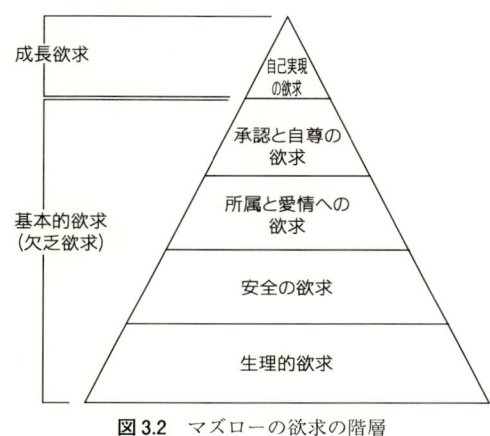

これらの基本的欲求がすべて満足すると，最後に「自己実現の欲求」がある。これは自己の存在の意味と，自己の完成を追求する欲求である。自分の能力を最大限に発揮し，自己の無限の可能性をさぐり，自己を完成させようとする。それゆえに自己実現の欲求を「成長欲求」ともいう。

図3.2 マズローの欲求の階層

2　フラストレーションとコンフリクト

人々の行動には，先に述べたようにさまざまな欲求がある。しかし私たちの日常生活において，そのような欲求がいつも必ず満たされるとはかぎらない。それではそのようなときにはどのようなことが生じるのであろうか。

(1)　フラストレーション

目標への到達が阻止され，欲求の満足が妨害された状態を「フラストレーション（frustration：欲求不満）」という。望んだことが妨害されると，私たちは欲

求不満に陥り，不安や怒り，悲しみなどの否定的な情動をともなった緊張が生じて大きなストレスを感じる。人によってはこのフラストレーションをうまくコントロールできず，短絡的な行動や混乱した行為が反応として現れることもある。

フラストレーションに耐えて適応的行動を維持する能力を「フラストレーション耐性」という。近年フラストレーション耐性の低い児童生徒が増えている。これが「キレる子」をはじめとする，さまざまな不適応行動・問題の原因のひとつであるともいわれている。

(2) コンフリクト

複数の互いに相いれない欲求が，等しい強さで同時に存在している状態を「コンフリクト（conflict：葛藤）」という。選択に迷って欲求が満足されないと，フラストレーションと同様の緊張や反応を引き起こす。

レヴィン（Lewin, K.）はコンフリクトを次の3つのタイプに分類している。

① 接近-接近コンフリクト：ともに魅力的なプラスの目標にひきつけられ，選択に迷う場合である。受験した志望校に2つとも合格し，どちらの学校に進学しようか迷う場合などがその例である。

② 回避-回避コンフリクト：ともにマイナスの目標にはばまれ，逃げるに逃げられない状況のことである。勉強はしたくないが，親に叱られたくもない子どもなどがその例である。

③ 接近-回避コンフリクト：接近したいプラスの面と，回避したくなるマイナスの面が目標に対して共存するコンフリクトである。ケーキを食べたいが，太りたくないと悩む人などがこの例である。

3 不適応の諸相

児童生徒が成長していく上で，学校をはじめとして，それぞれが所属する社会や文化に適応するということは大きな課題となる。しかしフラストレーションやコンフリクトをうまく解決できず，不適応を生じる児童生徒もいる。

不適応の様相は数多くあるが，代表的なものとしては，不登校，いじめ，非

行, 学級崩壊, 校内暴力, 学業不振, 摂食障害などがあげられる。
　ここではとくに, 不登校といじめについて, 内容・現状・原因・対応策の4つの観点からみていこう。

(1) 不登校

　「不登校 (non-attendance at school)」とは「何らかの心理的, 情緒的, 身体的, あるいは社会的要因・背景により, 児童・生徒が登校しないあるいはしたくともできない状況にあること (ただし, 病気や経済的な理由によるものを除く)」(文部科学省) をいう。不登校の種類はいくつかあるが, 最も多いのが, 登校しなければと思いながらも朝起きられなかったり, 頭痛や腹痛などの身体症状を示したりするため登校できず, そして学校を休んでいることに対し強い焦りや罪悪感を抱く神経症的不登校である。また不登校状態をあまり悩んでいないかにみえる怠学的不登校 (無気力傾向と非行傾向), なんらかの考えや信念に基づく積極的不登校などもある。以前は神経症的不登校が大部分であったが, 時代とともに不登校のタイプは複雑化・多様化している。

　文部科学省によると, 2005 (平成17) 年度に不登校が理由で長期欠席 (30日以上) した児童生徒は, 全国で小学生2万2709人, 中学生9万9578人, 合計12万2287人であった。人数としては4年連続して減少しているが, 全児童生徒数に占める不登校の比率は小学生が0.32％, 中学生が2.75％とここ数年ほとんど変化しておらず, 依然教育現場において大きな問題であることに変わりはない。

　不登校の発生要因については諸説があり, ストレス耐性の低さや自我の発達の未熟さ, 精神的エネルギーの欠如などの「本人の要因」や, 親子関係の不安定さや親の態度・学校観といった「家庭の要因」に加え, いじめや教師との人間関係, 学業問題などの「学校の要因」が指摘されている。

　対応方法や援助の目的は, 何が不登校の原因であるかによって異なる。菅野純によると, ①学校に行かなければならないと頭ではわかっていても行動に移せない状態であることを, 周囲がまず受けとめる, ②原因や背景, 症状の進度を把握する, ③親面接を並行して行い, 親の精神的安定をはかる, ④学校と連

携をはかる，⑤原因や背景がそれほど複雑でもなく，子どものエネルギーもそれほど低下しておらず，親にも改善意欲が見られる場合には段階的アプローチを試みる，⑥精神的エネルギーが低下したり，対人緊張が激しい場合などは，カウンセリングなどにより，子ども本人のエネルギー回復を優先する，⑦状態に応じて，買い物や散歩など登校以外の外出を試み，相談学級への通級など家庭以外の場を設けていく，という7つのポイントがあげられている。

(2) いじめ

「いじめ (bullying)」とは，「単独，または複数の特定人に対し，身体に対する物理的攻撃または言動による脅し，嫌がらせ，無視等の心理的圧迫を反復継続して加えることにより苦痛を与えること」(警察庁)である。たとえば，身体的暴力やことばでの攻撃(脅し，冷やかし・からかい)，無視や仲間はずれ，持ち物隠しやいたずらなどである。現代のいじめの傾向は，傍観者も含めて加害者が多数であること，いつでもだれでも加害者にも被害者にもなりうる状況，陰湿で残忍で発見しづらいことなどが特徴とされている。いじめはその発見が難しいだけでなく，発見されたとしても事実関係の整理が難しいことが多い。さらに一度解決したように見えても，裏でさらに陰湿に続くこともあるといわれている。いじめはいじめの加害者と被害者だけで成り立っているのではなく，図3.3のようにさまざまな人々が進行中のいじめを構成している。

　文部科学省によると，2005(平成17)年度の公立小・中・高等学校および特殊教育諸学校におけるいじめの発生件数は，2万143件(前年度2万1671件)であり，2年連続減少した。いじめの発生件数は，小学校から学年が進むにつれて多くなり，中学1年生が全発生件数の29.6％と最も多い。

　松原達哉によると，いじめの原因としては，①対人関係の未熟さ，自己統制力やフラストレーション耐性の低下，自己中心的傾向の増大といった児童生徒の問題，②親の過保護などによる判断力・決断力の欠如，家族が孤立化して地域との交流が不足するなど家庭の問題，③教師と児童・生徒間の心の交流の欠如，教師の体罰による誘発，学校管理体制の締めつけによる異質を排除する傾向など，学校の問題があげられる。さらに正義感の弱体化により，いじめの加

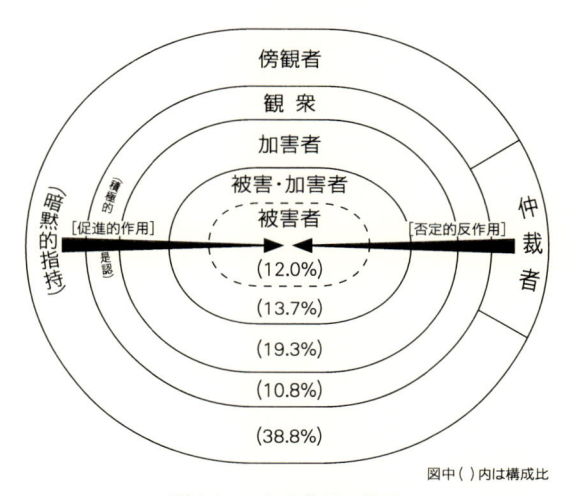

図 3.3 いじめ集団の構造

（外側から）傍観者／観衆／加害者／被害・加害者／被害者 (12.0%)／(13.7%)／(19.3%)／(10.8%)／(38.8%)

左側：(暗黙的指持)（種燥的促進的作用）是認 → ←［否定的反作用］ 仲裁者（右側）

図中（ ）内は構成比

図 3.3 いじめ集団の構造
（出所：森田洋司・清水賢二 1994 いじめ—教室の病い— 金子書房）

害者のみならず傍観者が増え，いじめに対する抑制力が弱くなっていることも一因であろう。

いじめに対する対策としては，集団によるいじめはほとんどが学校現場で生じているため，まず教師は見えにくいいじめを早急に見抜けるような目や感性を養う必要がある。たとえば，学校現場におけるいじめ発見の工夫として，表 3.3 のようなことが指摘されている。そのうえで，①いじめられている側の立場に立ち，加害者の行動を抑制して事の重大さを自覚させる，②いじめている側もなんらかの問題を抱えていることがあるので，一種の不適応行動ととらえて援助・指導していく，③傍観者に対しても，傍観していることがいじめに加担する行為であることをわからせる，④いじめ問題と並行して生じる親たちの不安，対立，学校・教師不信などに対応し，信頼関係を取り戻すこと，などが，教師のとるべき対策として示されている。

4　カウンセリングの理論と方法

このようにさまざまな不適応を生じる児童生徒自身，その保護者，さらには

表3.3 学校場面におけるいじめ発見の工夫

〔工夫1〕 観察：それとなく観察し，子どもたちの行動の不自然さに気づく
① 授業場面
・表現に精彩がない。
・集中力に欠ける。
・おどおどし落ち着きがない。
・ある子のミスをはやしたてる。
・ある子が発言している時，わざと無視するような行動をする。
・ある子の名前をわざわざ出して笑い者にする。
・プリントなど，その子の分をわざと抜かして配る。
・その子が近づくとわざと避けようとする。
② 自由度の高い場面（休み時間・昼食時間・掃除の時間など）
・机を離れようとしない。
・おどおどしている。
・すぐ職員室や保健室へ行く。
・からかいの対象となっている。
・プロレスや柔道の相手をさせられている。
・まわりから無視されている。
・弁当を冷やかされたり，おかずを取られたりしている。
・ひとりぼっちで食べている。
・いろいろ命令されている。
・1人だけ掃除をやらされている。

〔工夫2〕 点検：ごみ箱・くつ箱・自転車置場・更衣室などにいじめの痕跡があるかもしれない
・上履きが捨てられている。
・教科書やノートが捨てられている。
・靴を隠される。
・自転車を壊される。
・体育着などを破られたり捨てられたりする。
・特定の子への落書きが多い。

〔工夫3〕 面接：さりげなくクラスの人間関係について情報をつかむ
・定期面接などを利用し，いじめなどで悩んでいないか把握する。
・グループ面接などの際に話題になる生徒（嫌われている，汚い，わがままなど）に留意する。
・グループ面接の際に何も喋らなかった生徒に留意する。

〔工夫4〕 アンケートやソシオメトリー調査：教師がいじめ問題に無関心ではなく，いつも見守っていることを伝えることになる
・結果を必ず検討する。
・いじめが見いだされた時には，慎重に対応する。

〔工夫5〕 情報収集：多面的に情報を集める
・他教科や部活担当の教諭や養護教諭から情報を得る。
・親と連絡を取り情報を得る。
・作文，絵画などについて担当教諭から意見を聴く。
・成績の変動を調べる。

（出所：菅野純　1996　いじめ　丸善ブックス）

教師にとっても，カウンセリングが必要とされることがある。カウンセリングを通して，問題を明確化し，自らの力で解決していくことが可能になる。

以下に代表的な3つのカウンセリングの理論と方法を紹介する。

(1) 精神分析

「精神分析（psychoanalytic therapy）」とは，オーストリアの精神科医フロイト（Freud, S.）が，治療と研究を通して展開した理論体系であり，心理療法でもある。フロイト以降も多くの治療者・研究者がその理論と技法を独自に発展させてきており，したがってそれらの学派間には相違点も多い。

①**無意識** フロイトは，心のなかで意識にのぼっているのは一部であり，自分では気づかない「無意識」の領域が大きなはたらきをしていると考えた（図3.4）。不愉快な感情や認めがたい衝動などは，無意識のなかに抑え込まれて意識にのぼらなくなると考え，この働きを抑圧と呼んで重視した。

さらにフロイトは，人間の心をイド，超自我，自我という3つの領域に分け（図3.5），それぞれの機能の相互作用の結果が行動や症状となって現れると考えた。「イド（id）」または「エス（es）」とは，本能的欲求・衝動を代表し，快

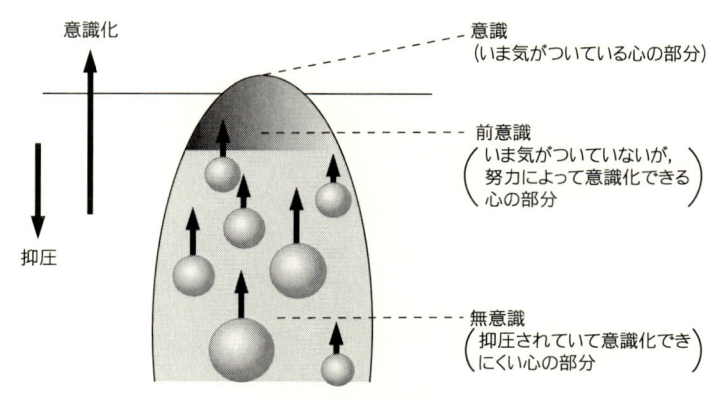

図3.4 意識と無意識
(出所：前田重治 1985 図説臨床精神分析学 誠信書房)

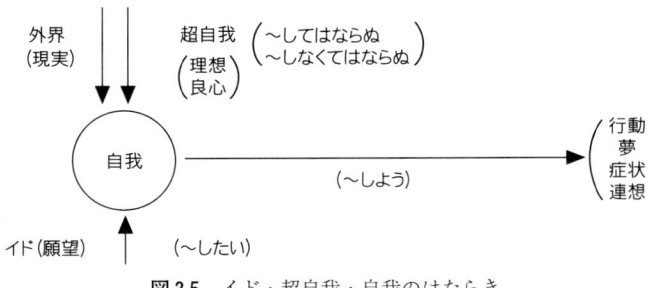

図3.5 イド・超自我・自我のはたらき
(出所:前田重治 1985 図説臨床精神分析学 誠信書房)

を求め不快を避ける快感原則に従う。「超自我 (super ego)」とは,両親のしつけや価値観,社会的な規範が内在化されてできた領域である。「〜してはならない」という禁止や「〜でありたい」という理想の追求として現れる。「自我 (ego)」とは,イドの衝動や超自我の要求の間にあって,外界の現実に適応するよう調節をはかる役割をもち,現実原則に従って機能する。

②**防衛機制** 自我は現実とイド,超自我との間の調整をはかるなかで,不安を生じることがある。その不安や不快感を緩和するための仕組みを「防衛機制 (defence mechanism)」という (表3.4)。正常状態の防衛機制は比較的意識されやすく,適応的な機制ともいえる。しかしこうした防衛が過剰になったり,機能が不十分になったりすると,病的な症状や問題が生じてくる。フロイトは,強迫神経症では,退行,反動形成,隔離,打ち消しの機制がはたらくなど,特定の防衛と症状の間には緊密な関係があると主張している。

(2) クライエント中心療法 (来談者中心療法)

「クライエント中心療法 (client-centered therapy)」は,ロジャーズ (Rogers, C.R.) によって1940年代に創始され,すべてのカウンセリングの基本的姿勢ともいうべきカウンセリングマインドを示している。

クライエント中心療法において,まずロジャーズは対等の人間関係を重視した。これはクライエントの自発性,主体性を徹底して尊重することである。次に特徴的なのが自己治癒力の尊重である。クライエントが心の病を克服したり,

表3.4 おもな防衛機制

種類	内容	意識のレベル	病的	健康者
抑圧	苦痛な感情や欲動，記憶を意識から閉め出す。	抑圧（禁圧）臭いものにフタ	○	△
逃避	空想，病気，現実，自己へ逃げ込む。	回避 逃げるも一手	○	△
退行	早期の発達段階へ戻る。幼児期への逃避。	童心に帰る	○	○
置き換え（代理満足）	欲求が阻止されると，要求水準を下げて満足する。	妥協する	△	○
転移	特定の人へ向かう感情を，よく似た人へ向けかえる。		○	△
転換	不満や葛藤を身体症状へ置きかえる。	もの言わねば腹ふくるる	○	
昇華	反社会的な欲求や感情を，社会的に受け入れられる方向へ置きかえる。			○
補償	劣等感を他の方向へおぎなう。	碁で負けたら将棋で勝て		○
反動形成	本心とウラハラなことを言ったり，したりする。	弱者のつっぱり	○	△
打ち消し	不安や罪悪感を別の行動や考えで打ち消す。（復元）	やり直し	○	△
隔離	思考と感情，感情と行動が切り離される。（区分化）		○	
取り入れ	相手の属性を自分のものにする。同化して自分のものとする。（取り込み）	相手にあやかる真似	○	
同一視(化)	相手を取り入れて自分と同一と思う。自他未分化な場合は一時的同一化。（→融合，合体）		○	
投射（投影）	相手へ向かう感情や要求を，他人が自分へ向けていると思う。	疑心暗鬼を生ず	○	
合理化	責任転嫁。	いいわけ	○	△
知性化	感情や欲動を直後に意識化しないで，知的な認識や考えでコントロールする。	屁理屈	○	△
逆転	感情や欲動を反対物へ変更する。（サド→マゾ，のぞき→露出，愛→憎）		○	
自己への反転	相手へ向かう感情や欲動を自己へ向けかえる。（対象愛→自己愛，対象への攻撃→自己攻撃）	天に向かってツバを吐く	○	
自己懲罰	罪悪感を消すために，自己破壊的な行動をする。	罪滅し，つぐない	○	
合体	相手にのみこまれる。象徴的な同化。（融合）	一心同体となる	○	△
解離	人格の統合が分離してしまう。		○	

○：用いられる。△：用いられる場合もある。
(出所：前田重治 1985 図説臨床精神分析学 誠信書房)

自分の問題を解決したりする力は，クライエント自身のなかに潜んでいる。したがってカウンセラーにとって大切なことは，アドバイスを与えたり，操作したり，解釈を与えたりすることではなく，クライエントのこの自己治癒力が十分に発揮される場を提供することであると考えた。

そして次のようなカウンセラーの3条件を示している。①自己一致・純粋さ：カウンセラーが自分自身の感情に気づいており，ありのままの自分を認めること。②無条件の尊重：クライエントの行動や性質に善し悪しの判断を下すのではなく，存在をありのままに受け入れ，尊重すること。③共感的理解：クライエントの感情を，カウンセラーもその立場に立ち，あたかもその人であるかのように，同じように感じ考えようとすること。ただし「あたかも……のような」という条件を失わない状態であることが必要であり，この性質を失うと同一視や同情に陥ってしまう。

すなわち，ロジャーズは，「まずクライエントがありのままで肯定され，脅威にさらされないことが大切であり，カウンセラーが価値判断を入れずにクライエントの行動を規定している内的基準を正しく理解し，それらをクライエントにフィードバックしていくことでクライエントは自分を客観的に見つめることができる」(菅野) と考えたのである。

(3) 行動療法

「行動療法 (behavior therapy)」とは，症状や問題行動を誤った学習の結果，あるいは適応的行動が学習されていない結果ととらえて，それらを新たな学習によって改善しようとする療法の総称である。症状や問題行動の原因およびその治療法は，基本的に「古典的条件づけ」と「オペラント条件」づけの2つの理論によっていると考えることができる。

①古典的条件づけの理論による治療法　アイゼンク (Eysenck, H.J.) やウォルピ (Wolpe, J.) がこの理論の推進者である。方法としては，不安を感じる対象に，それに拮抗して不安や恐怖を打ち消す刺激（たとえば筋肉が弛緩した状態）を古典的条件づけによって結びつける（拮抗条件づけ）というものである。まずリラクセーション訓練によって，リラックスした状態を意図的に生じさせる練習を繰

り返す。その後不安や恐怖を感じる対象にこの弛緩状態を条件づけるのである。

ウォルピが考案した系統的脱感作法は，不安階層表の順に徐々にこの治療を進めていく。不安の低い状況からイメージを始め，不安制止刺激を対提示して，その状況は不安ではないことを学習して1ステップを終わる。次のステップでは，不安刺激を1段階上げて同様に練習していき，徐々に強い刺激に慣らしていく（脱感作）のである。

②**オペラント条件づけの理論による治療法**　この理論の代表的な推進者はスキナー（Skinner, B.F.）である。問題行動を示す子どもに対して，周囲があわてて止めようとしたり，しかったりすると余計に行動がエスカレートしたり繰り返されたりする場合が多い。こうした場合，問題行動が周囲の行動（関心を示すこと）によって強化されていると考えられる。むしろ，適応的な行動を示したときに正の強化（認める，ほめる等）を与え，問題行動が背景に退いていくように試みる手法などは典型的な例である。

また近年教育現場において高い関心をもたれている社会的スキル訓練（Social Skill Training：SST）も，この理論を応用した技法のひとつである。

そのほかに，学校現場で用いられるカウンセリングの手法としては，ベック（Beck, A.T.）の認知療法やマイケンバウム（Michenbaum, D.H.）のストレス免疫訓練，エリス（Ellis.A.）の論理情動行動療法などを総称した認知行動療法，バーン（Berne, E.）による交流分析がある。また個人ではなく家族を対象とした家族療法も，場合によってはきわめて有効であろう。また最近ではブリーフセラピーも取り入れられることが多くなってきている。

5　学校場面におけるカウンセリング
(1)　教育相談

教育相談とは，学校外の専門機関で行う教育臨床活動であり，教育相談所・相談室，教育センターや教育研究所などで行っている。児童生徒の教育上の問題に関して，児童生徒本人，保護者または教師などと面接し，相談・指導・助言を行う。相談内容はしつけや育児に関するもの，発達障害に関するもの，不

登校やいじめ，非行などの非社会・反社会的問題行動まで幅広い。

(2) 学校教育相談

学校において，教師が行う教育相談活動のことである。カウンセラーはカウンセリング担当の教師，すなわち学校カウンセラー，養護教諭，一部の学級担任が行うのが大部分である。児童生徒の悩みや適応上の問題，学業・進路指導などが相談内容の中心である。

(3) スクールカウンセリング

学校において教師以外のカウンセリング専門家が行う教育臨床活動のことである。とくに文部科学省では学校内のカウンセリング機能の充実をはかるための施策として，スクールカウンセラーと子どもと親の相談員の配置を進めている。

スクールカウンセラーとは，児童生徒の臨床心理に関して高度に専門的な知識・経験を有する者（臨床心理士，精神科医，心理学系の大学の常勤教員など）である。心の専門家として，専門性を有しつつ，教員等と異なる立場として外部性があることから，児童生徒へのカウンセリング，教職員および保護者に対する助言・援助において効果をあげている。これはとくに思春期で心の状態が不安定になりやすく，暴力行為やいじめの問題行動や不登校が最も多い中学校段階の教育相談体制を整備する必要から行っている。

また子どもと親の相談員は，小学校における教育相談体制を充実する視点から，退職教員，保育士，民生児童委員など地域の人材を活用し，児童が悩みや不安を気軽に相談できる話し相手として，また学校と保護者・地域のパイプ役として，不登校・問題行動等の未然防止や早期発見・早期対応にあたっている。

本節では児童生徒の成長と個人差を，適応とカウンセリングという観点から概観してきた。重要なことは，たとえある児童生徒が不適応を生じていたとしても，それは所属している社会や文化における不適応であって，その児童生徒があらゆる環境において不適応を生じるわけではないということである。現在の状況において不適応を生じている児童生徒に対して，すべての面で不適応を

生じるなどというレッテルを決して貼ってはいけない。そして児童生徒がそれぞれの個性を十分に伸ばしつつ，その所属している社会のなかで個々人なりに適応し，成長することができるよう，家庭・学校・社会全体での援助体制が必要であることはいうまでもないだろう。　　　　　　　　　　　　　【大木　桃代】

3　特別支援教育のシステム

1　学校教育法等の一部改正と特別支援教育の制度化

「学校教育法等の一部を改正する法律」（平成18年法律第80号）が2006（平成18）年6月21日に公布され，2007（平成19）年4月1日から施行となった。この法改正では，多様な障害・特別ニーズを有する児童生徒の「一人一人の教育的ニーズに応じた適切な教育の実施や，学校と福祉，医療，労働等の関係機関との連携がこれまで以上に求められているという状況に鑑み，児童生徒等の個々のニーズに柔軟に対応し，適切な指導及び支援を行う」という観点から，次のような特別支援教育のシステムが制度化された（図3.6，図3.7）。

第一に，盲・聾・養護学校を一本化して，複数の障害種に対応した教育を実施するために「特別支援学校」制度を創設したことである。そして特別支援学校の目的を，旧規定の「盲学校，聾学校又は養護学校は，それぞれ盲者（強度の弱視者を含む。以下同じ。），聾者（強度の難聴者を含む。以下同じ。）又は知的障害者，肢体不自由者若しくは病弱者（身体虚弱者を含む。以下同じ。）に対して，幼稚園，小学校，中学校又は高等学校に準ずる教育を施し，あわせてその欠陥を補うために，必要な知識技能を授けることを目的とする」（第71条）を修正し，「特別支援学校は，視覚障害者，聴覚障害者，知的障害者，肢体不自由者又は病弱者（身体虚弱者を含む。以下同じ。）に対して，幼稚園，小学校，中学校又は高等学校に準ずる教育を施すとともに，障害による学習上又は生活上の困難を克服し自立を図るために必要な知識技能を授けることを目的とする」と規定した（第71条，下線部改正箇所）。

第二に，特別支援学校は第71条の教育を行うほか，幼稚園・小学校・中学

校・高校・中等教育学校の要請に応じて，教育上特別の支援を必要とする幼児・児童・生徒の教育の助言・援助に努める旨が規定されたことである。

第三に，小学校・中学校・高校・中等教育学校・幼稚園においては，教育上特別の支援を必要とする幼児・児童・生徒に対し，障害による学習上または生活上の困難を克服するための教育を行うものとし（第75条1項），また従来の特

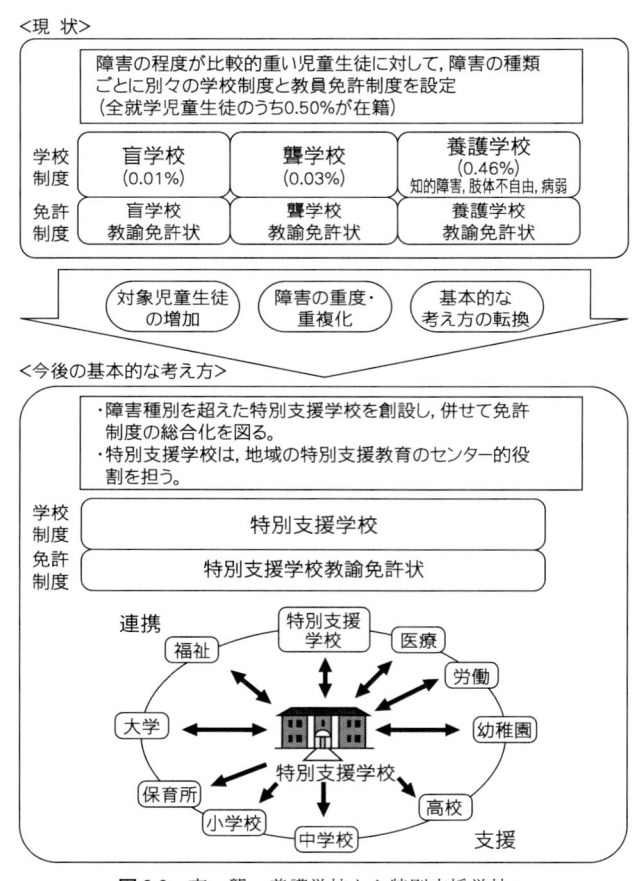

図 3.6 盲・聾・養護学校から特別支援学校へ
（出所：文部科学省初等中等教育局特別支援教育課「学校教育法等の一部を改正する法律の公布について」2006年6月，一部改変）

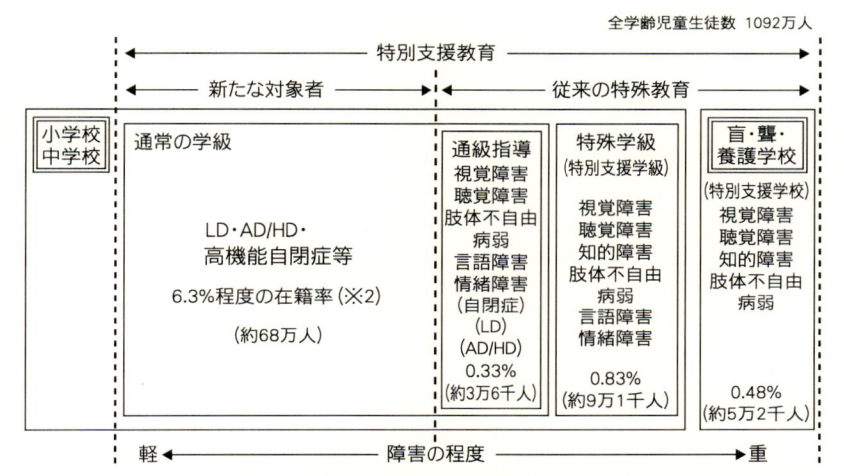

3 特別支援教育のシステム　89

図3.7　特別支援教育の対象の概念図
（出所：中央教育審議会「特別支援教育を推進するための制度の在り方について（答申）」2005年12月）

殊学級の名称を「特別支援学級」に変更し，従前と同様に，特別支援学級を小学校・中学校・高校・中等教育学校に設けることができることとしたことである（第75条2項・3項，第107条）。

第四に，現在の盲・聾・養護学校ごとの教員免許状を特別支援学校の教員免許状に一本化したことである。

2　特別支援教育システムの現状

　特別支援教育を受けている幼児・児童・生徒の総数は2005（平成17）年5月現在，23万7161人で全就学幼児・児童・生徒数（幼・小・中・高）の1.46％であり，このうち義務教育段階では18万9879人で全学齢児童生徒数1088万5415人の1.74％となっている（盲・聾・養護学校：5万4330人／0.499％，特殊学級：9万6811人／0.889％，通級による指導：3万8738人／0.356％）。また障害を理由とする就学猶予・免除者は大幅に減少して，91人／0.001％である（文部科

学省特別支援教育課「特別支援教育資料（平成17年度）」2006年3月）。

児童生徒一人あたりの学校教育費は，小学校90万9892円，中学校102万8802円，盲・聾・養護学校912万9165円であるが（「特別支援教育資料（平成17年度）」），この数字はむしろ小・中学校の学校教育費がきわめて低額とみるべきであり，今後，小・中学校等において特別支援教育を推進していくためにはこの学校教育費の改善が不可欠である。

(1) 盲・聾・養護学校（特別支援学校）

2005（平成17）年5月現在，盲・聾・養護学校（2007年度より特別支援学校）は全国に1,002校設置され（表3.5），障害種別にみると知的障害養護学校が増加傾向にあり，在籍児童生徒数でも知的障害者が大きく増加しており，それとは逆に盲者，肢体不自由者の順で減少している。また近年，障害の重度・重複化の傾向が著しく，盲・聾・養護学校の小・中学部全児童生徒数に占める重複障害学級在籍者の割合は43.1％であり，肢体不自由養護学校においては75.4％である。養護学校では障害の重度・重複化にともない，日常的に医療的ケアを必要とする児童生徒への対応が課題となっており，医療関係機関と密接に連携・協働した適切な対応が求められている。

(2) 特殊学級（特別支援学級）

特殊学級（2007年度より特別支援学級）は2005（平成17）年5月現在，小・中学

表3.5 盲・聾・養護学校の現状（国・公・私立計）　（2005年5月1日現在）

区分		学校数（校）	在学者数（人）					本務教員数	本務職員数
			幼稚部	小学部	中学部	高等部	計		
盲学校		71	260	701	463	2,385	3,809	3,383	1,805
聾学校		106	1,303	2,178	1,209	1,949	6,639	4,974	1,921
養護学校	計	825	133	28,798	20,981	41,252	91,164	55,275	12,006
	知的障害	535	71	19,669	15,046	33,542	68,328	36,840	7,811
	肢体不自由	198	61	7,683	4,528	6,441	18,713	14,882	3,524
	病弱	92	1	1,446	1,407	1,269	4,123	3,553	671
総計		1,002	1,696	31,677	22,653	45,586	101,612	63,632	15,732

（出所：文部科学省特別支援教育課「特別支援教育資料・平成17年度」2006年3月，一部改変）

3 特別支援教育のシステム　91

表 3.6　特殊学級の現状（国・公・私立計）　　(2005 年 5 月 1 日現在)

区分	小学校		中学校		合計	
	学級数	児童数(人)	学級数	生徒数(人)	学級数	児童生徒数(人)
知的障害	12,927	39,763	6,264	19,986	19,191	59,749
肢体不自由	1,648	2,914	554	834	2,202	3,748
病弱・虚弱	639	1,261	262	435	901	1,696
弱視	177	221	49	74	226	295
難聴	437	821	195	337	632	1,158
言語障害	328	1,197	31	44	359	1,241
情緒障害	7,550	21,508	2,953	7,416	10,503	28,924
総計	23,705	67,685	10,308	29,126	34,014	96,811

＊中等教育学校の特殊学級は無し。
（出所：文部科学省特別支援教育課「特別支援教育資料・平成17年度」2006年3月，一部改変）

校において 3 万 4014 学級が設置され，9 万 6811 人が在籍して教育を受けており，1 学級あたり2.85 人となっている（表 3.6）。特殊学級の学級数・在籍児童生徒数ともに毎年増加しており，とくに情緒障害特殊学級が急増している。

　特殊学級では在籍児童生徒の指導に加え，通常学級や他校との交流学習，通常学級に在籍する障害児への指導，教員相談などの取り組みを行っている。特殊学級には，すべての時間を特殊学級で教育を受ける必要のある児童生徒がいる一方で，相当の時間を通常学級との交流教育というかたちで過ごすことが可能な児童生徒もみられ，その実態は，児童生徒の障害の種類や程度，学校の実情等に応じてさまざまである。

(3)　**通級による指導**

　「通級による指導」は，小・中学校および中等教育学校前期課程の通常学級に在籍している障害児がほとんどの授業を通常の学級で受けながら，障害の状態等に応じた特別の指導を特別な場（通級指導教室）で受ける指導形態である。

　2006 年 3 月 31 日公布・4 月 1 日施行の「学校教育法施行規則の一部を改正する省令」（平成 18 年文部科学省令第 22 号）により，通級指導の対象は図 3.8 に示したように，従来の対象規定「言語障害，情緒障害，弱視，難聴，その他心

```
          <旧>                           <新>
第1号 言語障害者                  第1号 言語障害者
第2号 情緒障害者                  第2号 自閉症等
     自閉症等                    第3号 情緒障害者
     選択性かん黙等                    選択性かん黙等
第3号 弱視者                     第4号 弱視者
第4号 難聴者                     第5号 難聴者
                               第6号 学習障害者
                               第7号 注意欠陥多動性障害者
第5号 その他心身に故障のある       第8号 その他心身に故障のある
     者で、本項の規定により特別の        者で、本項の規定により特別の
     教育課程による教育を行うこと       教育課程による教育を行うこと
     が適当なもの                     が適当なもの
```

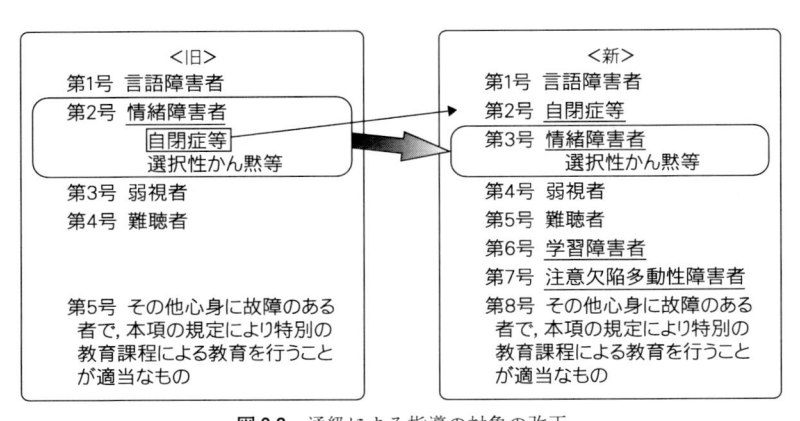

図3.8 通級による指導の対象の改正

(出所：文部科学省「学校教育法施行規則の一部を改正する省令について（概要）」，一部改変)

身に故障のある者で，本項の規定により特別の教育課程による教育を行うことが適当なもの」に「学習障害者」および「注意欠陥多動性障害」を付加し，さらに従来の「情緒障害者（自閉症等，選択性緘黙等）」の分類を整理して「自閉症者」を独立の号として規定している。

また2006（平成18）年3月31日告示・4月1日施行の「学校教育法施行規則第73条の21第1項の規定による特別の教育課程について定める件の一部を改正する件」（平成18年文部科学省告示第54号）において，「新たに通級による指導の対象となる学習障害者及び注意欠陥多動性障害者については，月1単位時間程度の指導も十分な教育的効果が認められる場合があることから，これらの児童生徒に対して通級による指導を行う場合の授業時数の標準については，年間10単位時間から280単位時間までとすること」とされた。

さて図3.9のように，通級による指導の対象数は大きく増加していることからもそのニーズは高い。1993（平成5）年に1万2259人であったものが1998（平成10）年の時点で倍増し，表3.7のように2005（平成17）年5月現在，言語障害，情緒障害，弱視，難聴，肢体不自由，病弱・身体虚弱を対象に3万8738人が通級による指導を受けている（うち言語障害が2万9907人・77.2％を占める）。しかし，通級指導教室の設置数・担当教員数や指導時間数が子どものニーズに比

表3.7 通級による指導の現状　　　(2005年5月1日現在)

区分	小学校（人）	中学校（人）	計（人）
言語障害	29,683 (79.9%)	224 (14.0%)	29,907 (77.2%)
情緒障害	5,754 (15.5%)	1,072 (66.8%)	6,836 (17.6%)
弱視	133 (0.4%)	25 (1.56%)	158 (0.4%)
難聴	1,536 (4.1%)	280 (17.5%)	1,816 (4.7%)
肢体不自由	4 (0.01%)	1 (0.1%)	5 (0.01%)
病弱・身体虚弱	14 (0.04%)	2 (0.1%)	16 (0.04%)
総計	37,134 (100.0%)	1,604 (100.0%)	38,738 (100.0%)

(出所：文部科学省特別支援教育課「特別支援教育資料・平成17年度」2006年3月)

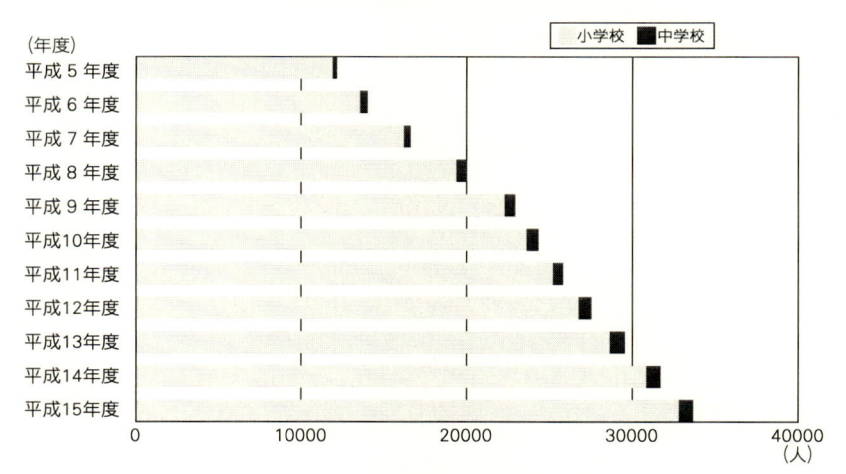

図3.9　通級による指導対象児童生徒数の推移
(出所：中央教育審議会「特別支援教育を推進するための制度の在り方について（答申）」2005年12月，一部改変)

していぜんとして不足しており，とくに言語障害以外の対象や中学校においてその拡充整備が求められている。また通級指導の担当教員はその専門性の向上がよりいっそう求められているとともに，校内または関係機関との連絡・調整を行うコーディネータ的な役割を果たすことが期待されている。

(4) 就学のシステム

障害児の就学に際しては，図3.10のようなプロセスで進められる。2002（平

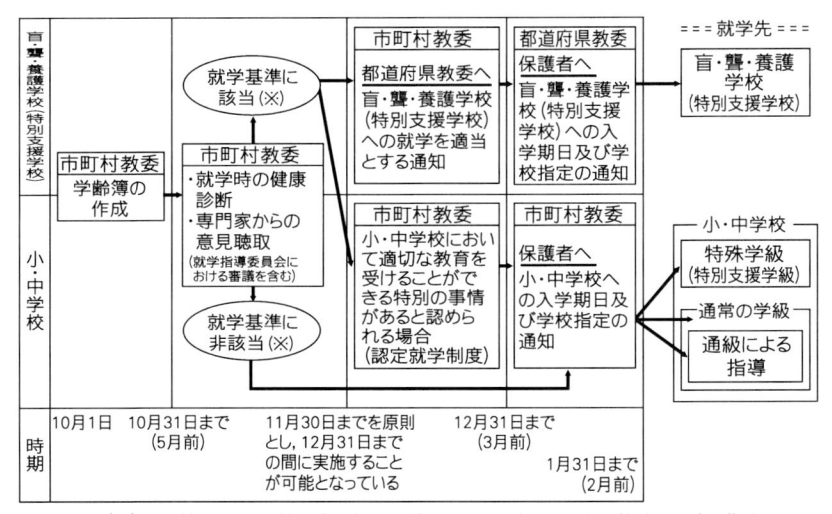

94　第3章　育ちの理解：個人差への対応

盲・聾・養護学校（特別支援学校）					市町村教委 都道府県教委へ 盲・聾・養護学校 （特別支援学校） への就学を適当 とする通知	都道府県教委 保護者へ 盲・聾・養護学校（特別支援学校）への入学期日及び学校指定の通知	===就学先=== 盲・聾・養護学校 （特別支援学校）
	市町村教委 学齢簿の作成		就学基準に該当（※）	市町村教委 ・就学時の健康診断 ・専門家からの意見聴取 （就学指導委員会における審議を含む）			
小・中学校			就学基準に非該当（※）		市町村教委 小・中学校において適切な教育を受けることができる特別の事情があると認められる場合 （認定就学制度）	市町村教委 保護者へ 小・中学校への入学期日及び学校指定の通知	小・中学校 特殊学級 （特別支援学級） 通常の学級 通級による指導
時期	10月1日	10月31日まで （5月前）		11月30日までを原則とし，12月31日までの間に実施することが可能となっている		12月31日まで （3月前） 1月31日まで （2月前）	

（※）就学基準とは，学校教育法施行令第22条の3に定める心身の故障の程度を指す。

図 3.10　障害のある児童生徒の就学について

（出所：文部科学省特別支援教育課「認定就学制度の活用状況等に関する調査結果について（概要）」，一部改変）

成14）年4月に就学指導のあり方に関して学校教育法施行令を改正（政令第163号），盲・聾・養護学校の就学基準に該当しても，市町村教育委員会が障害の状態や学校の状況等を踏まえて総合的な判断を行い，小・中学校（通常学級か特殊学級かは問わない）において適切に教育を受けることができる特別の事情があると認める場合には，小・中学校に就学することができるという「認定就学者」の規定が新たに設けられた。

認定就学者数は次第に増加しており，小・中学校の学校全体での指導体制の充実や特別支援学校との連携・協働がいっそう重要になっている。なお当面する就学システムの課題として，①乳幼児期からの相談体制の構築を含めた就学前からの教育相談のあり方，②就学後における児童生徒の教育的ニーズの把握と継続した就学相談・指導（校内委員会等の校内組織の在り方），③児童生徒の教育的ニーズを反映した転学の弾力化などがある。

3 特別支援教育から特別ニーズ教育への移行の課題

　現代の日本では，各種の学習困難，不登校・不適応，いじめ・被虐待，非行，養護問題，慢性疾患・病気療養などの子どもの心身の発達におけるさまざまな「ライフハザード」が示すように，子どもの生活と学習・発達をめぐる諸問題が激化・深刻化している。

　そうしたなかで，障害児教育・特別支援教育の限定された支援対象や教育の場，また通常の学校・学級における特別な教育的配慮の不十分さなどの問題が指摘されている。通常の教育と障害児教育・特別支援教育の「連携・協働」のもとで，子どもの学ぶ場所のいかんを問わず，子どもの多様な困難・ニーズへの十全な対応と発達保障に向けた新たな教育＝特別ニーズ教育（special needs education）の創出が要請されている。

　それはまた「ノーマライゼーション（normalization；社会への完全参加と平等）」「インテグレーション（integration；教育的統合）」から「インクルージョン（inclusion；共学・協働と発達保障）」への移行に示されるように，包括的・多文化共生的な教育福祉改革の国際動向の影響を受けてのことでもある。インクルージョンとは，特別ニーズ教育などの充実によって，すべての学校が多様な差異やニーズを有する子どもひとりひとりの尊厳と価値を認め，彼らに適切な学習と発達，協働と連帯を保障する場になっていくこと，換言すれば「共学・協働と発達保障」の実現を追求する学校教育のあり方を示したものである。

　特別ニーズ教育が国際的に広がる契機になったのが，1994年にユネスコがスペインのサラマンカで開催した「特別ニーズ教育世界会議」であった。同会議が採択した「サラマンカ声明と行動大綱」では「すべての者のための教育（Education for All）」という標語のもとに，「すべての子どもがユニークな性格，興味，能力と教育ニーズを有し」「これらの性格とニーズの幅広い多様性を考慮して教育システムが考案され，教育計画が実施されなければならない」こと，また子どもの多様な教育ニーズに対応するために特別ニーズ教育とインクルージョンという新しい考え方を示したのである。

　特別ニーズ教育とは，子どもの有する「特別な教育的ニーズ（通常の教育的配

慮に付加して特別な教育課程，教育施設・設備，専門教職員配置，教材・教具等を必要とするニーズ）」に対応した特別な教育的ケア・サービス（医療・福祉・就労等の関連サービスを含む）の保障を子ども固有の権利として承認しながら，特別な教育的ニーズを有する子どもの諸能力と人格の発達保障を促進するための教育の理念・目的，法制度，行財政，カリキュラム，方法・技術，専門職養成などの総体をいう。

　日本の教育法制では特別ニーズ教育というシステムは確立されていないが，その対象にはいわゆる狭義の障害児のほか，学習困難，学習障害（LD），注意欠陥多動性障害（ADHD），アスペルガー障害（症候群）・高機能自閉症，不登校・不適応，心身症・神経症等の精神神経疾患，慢性疾患・病気療養，非行，いじめ・被虐待，養護問題，移民・外国人の子どもや帰国子女などのうち，特別な教育的配慮の保障を要するすべての子どもが該当する。

①学習障害（LD）の定義 〈Learning Disabilities〉

　学習障害とは，基本的には全般的な知的発達に遅れはないが，聞く，話す，読む，書く，計算する又は推論する能力のうち特定のものの習得と使用に著しい困難を示す様々な状態を指すものである。学習障害は，その原因として，中枢神経系に何らかの機能障害があると推定されるが，視覚障害，聴覚障害，知的障害，情緒障害などの障害や，環境的な要因が直接の原因となるものではない。

（平成11年7月の「学習障害児に対する指導について（報告）」より抜粋）

②注意欠陥／多動性障害（ADHD）の定義 〈Attention-Deficit/Hyperactivity Disorder〉

　ADHDとは，年齢あるいは発達に不釣り合いな注意力，及び／又は衝動性，多動性を特徴とする行動の障害で，社会的な活動や学業の機能に支障をきたすものである。また，7歳以前に現れ，その状態が継続し，中枢神経系に何らかの要因による機能不全があると推定される。

（平成15年3月の「今後の特別支援教育の在り方について（最終報告）」参考資料より抜粋）

③高機能自閉症の定義〈High-Functioning Autism〉

> 高機能自閉症とは，3歳位までに現れ，①他人との社会的関係の形成の困難さ，②言葉の発達の遅れ，③興味や関心が狭く特定のものにこだわることを特徴とする行動の障害である自閉症のうち，知的発達の遅れを伴わないものをいう。また，中枢神経系に何らかの要因による機能不全があると推定される。

（平成15年3月の「今後の特別支援教育の在り方について（最終報告）」参考資料より抜粋）

※アスペルガー症候群とは，知的発達の遅れを伴わず，かつ，自閉症の特徴のうち言葉の発達の遅れを伴わないものである。なお，高機能自閉症やアスペルガー症候群は，広汎性発達障害に分類されるものである。

（出所：中央教育審議会「特別支援教育を推進するための制度の在り方について（答申）」2005年12月）

　北欧などの教育福祉先進国では学齢児の10－20％が特別（ニーズ）教育の対象となり，とくにスウェーデンではさらに一歩進めて「すべての子どものニーズに応じる教育」が制度化されているが，日本の義務教育段階における特別支援教育対象はわずかに1.74％（2005年）にすぎない。これは特別な教育的ニーズを有する子どもが日本において本来的に少ないことを意味するのではなく，主には教育財政面での貧困・制約から，特別支援教育の対象が依然として「旧特殊教育制度の障害児＋LD・AD/HD・高機能自閉症」に狭く限定されていることを示すものである。これは2007年度から開始される特別支援教育の最大の問題でもある。

　現代の子どもの生活と学習・発達をめぐる問題が深刻化し，多様な困難・ニーズを有する子どもの急増に対して特別支援教育の枠では収まらないことは明らかであろう。現行の特別支援教育制度から，さらに特別な教育的配慮を要するすべての子どもの学習と発達の権利保障を進める特別ニーズ教育への移行とその制度化を早急に実現すべき時期にきているのである。　　　【髙橋　智】

参考文献

〔1節〕
Eysenck, H.J. 著　根津耕作・祐宗省三ほか訳　1973　人格の構造　岩崎学術出版
星野命・河合隼雄編　1975　人格（心理学4）　有斐閣双書
駒崎勉　1992　人間研究の心理学—パーソナリティの問題を中心に—　八千代出版
尾形和男　2003　これからの福祉心理学　北大路書房

〔2節〕
榎本博明・飯野晴美・藤森進編著　2000　サイコロジー—こころの発達と教育—　北大路書房
長田久雄編著　2002　看護学生のための心理学　医学書院
坂野雄二・菅野純・佐藤正二・佐藤容子　1996　臨床心理学（ベーシック現代心理学8）　有斐閣
氏原寛・亀口憲治・成田善弘・東山紘久・山中康裕編　2004　心理臨床大事典　培風館

〔3節〕
髙橋智・渡部昭男編　1999　特別なニーズ教育と学校改革—歴史と今日の課題—（講座　転換期の障害児教育・第1巻）　三友社出版
東京学芸大学特別支援科学講座編（髙橋智編集代表）　2007　インクルージョン時代の障害理解と生涯発達支援　日本文化科学社
日本特別ニーズ教育学会編（高橋智・荒川智編集代表）　2007　テキスト特別ニーズ教育　ミネルヴァ書房
渡部昭男・新井英靖編　2006　自治体から創る特別支援教育　クリエイツかもがわ

演習問題

〔1節〕
1　知能と呼ばれる能力の中身を解説せよ。
2　パーソナリティ理解へのアプローチを概説せよ。
3　個人差の科学的理解が教育実践にどうかかわるか意見を述べよ。

〔2節〕
1　不登校，いじめといった子どもの不適応行動への対応のポイントを述べよ。
2　学校場面ではカウンセリングへのどのような要請があるか解説せよ。
3　カウンセリングの諸理論を整理せよ。

〔3節〕
1　特別支援を要する子どもの実態を概説せよ。
2　特別ニーズ教育への移行のための日本の課題をまとめよ。
3　LD，ADHDなどの子どもの特徴と対応をまとめよ。

第4章　学びの理解：学習の過程

1　動機づけと学習

　心理学では，学習者が勉強する気になるとき，その人は勉強（学習）に動機づけられたという。よくテレビの刑事ドラマで，犯行の動機が問題になるが，勉強でも学習の動機が重要になる。結果として同じ犯罪を犯したとしても，それが故意なのか，偶発的な事故なのかによって刑罰の重さは異なるだろう。さらには，故意に犯した罪だとしても，犯行にいたる経緯や背景そして動機（犯行理由）によって，情状酌量の余地も変わるにちがいない。同様に，試験で同じ点数を取ったとしても，その点数にいたる過程や動機は児童生徒によって異なるであろう。ただし検察官や裁判官と異なり，犯した行為を適正に処罰するために動機を量るのではなく，教師は児童生徒の学習を改善し向上させるために彼らの学習動機に注目するのである。

　心理学における動機づけの研究は長い歴史をもつが，とくに学習活動に関しては達成動機（achievement motivation）と呼ばれる領域の課題として過去半世紀以上，多くの研究が行われてきた。なかでも，内発的動機づけと呼ばれる概念をめぐっては，私たち教職に携わる者にとって有益な知見が数多く蓄積されている。本節ではまず，この内発的動機づけの対概念とされる外発的動機づけの考え方について説明する。次に，内発的動機づけの考え方を解説する。そして，そのような考え方をどのように教育実践に活かすかビデオゲームを例に検討し，学習者の動機づけに留意する意義の考察としたい。

1　外発的動機づけ

　親や教師が側でつきっきりで見張っているから，しかたなく嫌々ながら机に向かい，しぶしぶ問題を解く。先生のよくわからない解説をボーッと聞きながら，早く授業が終わらないかな，と時間ばかりが気になる。試験にでるから覚えろといわれて，意味もわからずに暗記するまで繰り返し練習する。こんな経験をもつ人があなたの周囲にはきっといるはずだ。このように，周囲から強制されて勉強に取り組むとき，その取り組みは外発的に動機づけられたものと考えられる。つまり，勉強させようとする周囲の働きかけがなければ，きっと取り組むことはないにもかかわらず勉強しているような場合，自分の外側からの働きかけに端を発した行動なので，外発的と呼ぶのである（106頁補足参照）。

　親や教師の側からすると，子どもを外発的に取り組ませるのに有効な手段として，取り組むことに対して報酬を与えることがある。親から試験でよい点を取れば小遣いをアップすると言われて頑張るような場合である。あるいは，今度の試験で合格点に達しないと親を呼び出すぞ，と教師に脅されて必死になる場合である。ここで，心理学で扱う報酬にはプラスとマイナスのものがあることに注意しよう。成績を上げることは，小遣いのアップというプラスの報酬につながる。同時に，親子ともに叱責されるというマイナスの事態を回避できることになる。心理学のなかでもとくに行動主義的人間観に立てば，人は快い状態を求め，あるいは不快な状態を避けるために行動するとされる。快を得ることも，不快を避けることも，どちらも私たちをそのための行動に駆り立てる。小遣いアップという快を求め，あるいは叱責という不快を回避するという理由は，やりたくもない勉強に取り組む事態をうまく説明してくれる。

　心理学では特定の行動が生起する確率を高める作用をする刺激（快あるいは不快を感じさせるもの）を，その行動を強化させる因子として強化子と呼ぶ。報酬を与えることで，報酬に値する望ましい行動（すなわち学習行動）を意図的に誘発し，その行動が起きる頻度を高めることができるから，報酬は勉強の強化子である。そもそも「勉強」ということばのなかには「強いて勉める」，すなわち「否応無く学習に励む」ことが含意されている。したがって，大なり小なり

飴と鞭（快と不快の刺激）を使って外発的に児童生徒を机に向かわせる必要が学校現場で生じるのは避けがたいことなのかもしれない。

ただ，外発的に動機づけられた取り組みは，その本来の目的が達成された時点で終息してしまう。日ごろ遊んでいて，試験前に切羽詰って徹夜で机に向かうのでは，試験のための勉強であり，試験が終われば勉強への動機づけも失われていく。学校の勉強は一夜漬けではなく，継続的・計画的であるのが望ましいだろう。また，外発的に動機づけられた行動は，その結果が重要であり（目的を達成できたかどうか），成果主義の考え方を助長させやすい。学校の勉強はテストで満点を取ること自体が重要ではない。十分に内容を学習・理解した結果として満点が取れたのであり，理解する過程や理解の仕方の方がはるかに大切である。その意味で，外発的な動機づけに頼って勉強させるだけでは，教師としてあまりに無策である。

2　内発的動機づけ

内発的動機づけと一口に言っても，いくつかの種類がある。たとえば内発的動機づけをさらに，認知的動機づけと社会的動機づけに分けて考えることがある。認知的動機づけとは，知りたい，理解したいという気持ちから行動する場合であり，そのような感情を知的好奇心と総称する。一方，社会的動機づけとは，自分をとりまく環境（とくに社会的環境）のなかで，その環境に対して有効に働きかけたい，あるいは主導的でありたいと願う気持ちから行動する場合である。

(1)　知的好奇心

心理学のなかには，人間は常に適量の情報を処理することを生得的に組み込まれた情報処理システムである，という人間観がある。この考え方に立つと，人は自らの知識や環境の理解に不確かさを感じたとき，その不確かさを解消・低減するために必要な情報を求め，不確かさの感覚が緩和されるまで情報探索を続けるとされる。また，情報処理システムを稼動させるのに十分な刺激（入力情報）の不足が感じられるときにも，あえて新たな変化や刺激を求める情報

探索を行うとされる（刺激の少ない毎日を辛いと感じるのは，私たちが常に新しい刺激を求める情報処理システムだからである，というわけだ）。

人間を一種の情報処理システムとするならば，自分が学習し，理解しようとしていることがらに関する不確かさ（疑わしさ，驚き，意外性，新鮮さ，複雑さ，曖昧さなど）を感じたとき，その不確かさ（認知的ギャップとか認知的葛藤と呼ばれる）を解消しようとして真剣に先生の説明を聞いたり，熱心に教科書を読んだりする行動が現れると考えられる。加えて，自分の興味・関心があるものに関する情報を処理し続けようと積極的・自発的に情報収集を行う場合も含めて，私たちが生得的にもつ情報処理システムを稼動させるためのはたらきを知的好奇心と呼び，この知的好奇心を満たすための取り組みは内発的に動機づけられたものとみなしている。

(2) 自己有能感

人には，自らが置かれた状況において，自らに求められている（と感じられる）行動を適切に行う能力を自らがもっている（あるいはもちつつある，高めつつある）ことを実感したいという欲求がある。言いかえると，人は自らを有能でありたいと願っている存在なのである。

人間は他の動物に比して，いちじるしく高い学習能力をもっている。同じ哺乳類でも牛や馬の子どもは生まれてすぐに歩行が可能になるし，犬や猫の赤ん坊も自ら母乳を求めて母親の懐に潜り込むことができる。一方，生後しばらくは人間の赤ん坊は目も見えず，こちらから乳房を口に含ませてやらねばならない。歩行にいたっては生後10カ月以上かかる。このように自立できない未熟な状態で生まれてくるリスクと引き換えに，生後数年間で（脳の発達などは10数年間かけて）一個の生物体として十分に機能できるような能力を学習し，発達させていく。人間にとって，学習することは死活問題なのである。狼に育てられた子どもは，狼とともに生きる能力を学習したが，人間として人間社会に生きる能力を発達させることができなかった。それでも狼の生きる環境に適応すべく必死に学習し，生き延びてきた過程で，狼少年は自らその環境に有能であろうと願っていたであろう。このように生得的学習能力を十分に発揮したい，

発揮していると感じたいという潜在的欲求を人間はもっているのである。

　有能でありたいという願いが，学校の勉強にも大きく反映することは明らかであろう。わからないことがわかるようになり，勉強に手応えを感じてくると，もっと頑張ろうという気持ちが起きてくる。これは有能感を感じ始め，さらに深く感じたいと求める内発的な動機づけが働いている証である。逆に，わからない状態が続くと，その取り組みから有能感を高めることができないために，次第にやる気を失っていく。

(3) 自己決定感

　1970年代から精力的に内発的動機づけ研究を積み重ねてきたデシ (Deci, E.) は，内発的動機づけの中核的要素として自己決定感覚を強調する。強制されて行うのではなく，自らが決めて取り組むことが内発的な動機づけには不可欠だと考えるのである。ド・チャーム (deCharm, R.) も，仕事に取り組む自分自身を，ちょうどチェスの駒のように指し手に操られている存在とみなすか，それとも指し手自身ととらえるかによって，その取り組みが内発的か外発的か区別している。動機づけの理論ではこれを自己の行為の因果律の所在 (locus of causality) と呼ぶ。

　学校の勉強が受身になればなるほど，自己決定感は乏しくなり，勉強に身が入らなくなる。反対に，自分で学習計画を立てて，その計画に沿って勉強に取り組み，その進捗を自ら点検し，必要なら計画の見直しも行っていく自律した学習（自己調整学習，self-regulated learningと呼ばれる）には自己決定の機会が多く含まれ，内発的に動機づけられやすい。

(4) 内面化された価値

　知的好奇心，自己有能感，自己決定感，これら3つは学習を内発的に動機づけるための代表的要素である。スティペック (Stipek, D.) は，この3要素に加え，教師として知っておきたい動機づけの要素として内面化された価値をあげている。

　最初は報酬を期待した行動でも，周囲からその望ましさを認められていくうちに，報酬のあるなしにかかわらず，望ましい行動を取るのが当たり前に感じ

てくることがある。たとえば，はじめは褒められたり，サボって怒られたりしながら外発的に動機づけられていた歯磨きも，やがて習慣となり，毎晩磨くのが当たり前に感じるようになる。虫歯予防の知識なども増えてくれば，自分にとって大切な健康管理のひとつとして積極的に歯磨きを意義づけるようにもなる。このように報酬によって外発的に動機づけられた行動でも，周囲の期待に応えられる自分でありたい（そうでなければ社会的に有能とはいえない）と願うなかで，周囲が期待する行動（広くいえば，社会が「すべきだ」と要求する行動）は，自分にとって大切な行動であり，報酬の有無にかかわりなく，なすべき行動だと考えるようになる。これを価値の内面化と呼ぶ。

　内面化された価値に従うといっても，はじめのうちはその行動の意義を十分に理解せずに義務的に行う場合が多いが，やがてその行動の意義を理解し，自分の価値観にそって行動を律して生きることを快しとするようになる。なすべきことをなせる自分でありたい，という願いは内発的なものとなり，時に責任感や使命感と呼ばれるようになる。「勉強は学生の義務であり権利である」といわれるが，これは義務という半ば強制された取り組みから，権利の行使という自律的な取り組みとして，勉強への動機づけを外発的から内発的に転換することの必要性を強調したものとも考えられよう。

3　ビデオゲームの魅力

　子どもから大人まで，ビデオゲームのファンは多い。新作発売初日には行列ができるソフトもある。あまりに熱中して，夜更かしする子どもも多い。では，なぜ彼ら・彼女らはビデオゲームに熱中するのだろうか？　言いかえると，ビデオゲームの何が子どもたちを強く動機づけるのだろう。自分なりに少し考えてみてほしい。

　登場するキャラクターが可愛いい，かっこいい，あるいは綺麗という理由もあろう。ストーリー（内容）がおもしろかったり刺激的だったりすることも大きな理由だろう。ゲームに負けて悔しい，うまく敵を倒せてうれしい，あるいは自分の上達が実感できる，といった手応えを理由にあげることもできるだろ

う。また，失敗してもやり直せる，何度でもできる，そして自分のやりたいようにできる，といった自由度の高さも魅力のひとつかもしれない。さらには，友だちといっしょに遊べる，共通の話題が楽しめる，仲良くなれる，といった社会的な意味もあるだろう。むろん，もっと他にも多くの理由があげられるに違いない。

いずれにしろ，私たちがビデオゲームに取り組むとき，その多くは内発的に動機づけられている。実際，私たちは楽しいからやっているのであり，普通は別に報酬など期待してはいない。まさに，自分がやりたいからやるのであり，課題が解けるから楽しいのである。では，学校の勉強にも，ビデオゲームほどに熱中して取り組めないだろうか？　言いかえると，おもしろい授業や熱中する宿題を可能にする秘訣をビデオゲームから学べないだろうか？

4　ビデオゲームから学ぶ

まず，ゲームの表現方法に注目しよう。意外性や新奇性があり，バーチャルリアリティとも呼べる迫真で巧緻なものもある。教師にとって教材提示の参考になるはずだ。教科書の挿絵より大判のポスターやスライドの方が児童生徒の注意を惹くだろう。さらに，話の内容に意外性があれば，彼らは教師の話に耳を傾けるに違いない。1980年代，教え方上手で有名な教師のひとりに，社会科の有田和正という先生がいた。彼の授業の魅力は，子どもたちにハテナ？と思わせる教材づくりにあったのだが，知的好奇心を揺さぶる授業展開の好例である。

ゲームの場面展開も参考になる。テンポ良く進む場面展開は私たちをゲームに引き込む。新しい刺激が適度に提供される環境は，情報処理システムとしての人間には心地よい。同じように授業の展開にも適正なテンポがある。同じ話を繰り返し（したがって新奇性が乏しい），くどくどと（教師は大切なところだからわかりやすく何度も繰り返すのだが）喋っていたら知的好奇心はしぼんでしまうだろう。

さらに，課題のつくり方や出し方の参考にもなる。ビデオゲームは失敗して

も何度でも，できるまで自分のペースで挑戦できる。こつこつと必要なアイテムや仲間を集め，何度目かの挑戦でついに手強いボスを倒せたときの喜びは相当である。自分にさまざまな力が身につきつつあり，その力は自分に与えられた仕事や課題を果たすのに有効であり，自分にはそれらを成し遂げる力があるのだという感覚，すなわち自己有能感（あるいは，特定の課題や状況に対して効果的な対応を自分は取ることができるという感覚を自己効力感とも呼ぶ）をいだかせる課題のつくり方が重要である。また，自分のペースで取り組める工夫も大切だ。時間や分量，あるいは達成のレベル（たとえば満点を取るまで）を自己決定できる幅があるほど，児童生徒は内発的に動機づけられるはずだ。課題を出す際に選択肢を与えるだけでも，彼らの取り組みは積極的になる。

　このように，ビデオゲームに限らないが，私たちの日常で，何か熱中できる活動の背後には，内発的な動機づけがはたらいている場合が多い。教師として，そうした活動の仕組みから学び，自らの教育実践に活かしたいものである。

補足：外発的動機づけ再考

　内発的動機づけと外発的動機づけを，その行為自体が目的なのか他の目的達成の手段なのか，という目的性－手段性で区別することがある。ここで，友だちと一緒に勉強する場合を考えてみよう。仲良くしなさい，と命令されてしぶしぶ机を並べて勉強するなら，級友と一緒の勉強も外発的な取り組みになろう。けれど，友だちと一緒に何かをすること自体が楽しい目的であり，そのための手段が「勉強を一緒にやる」ことだとすれば，はたしてこの場合の勉強は，外発的な動機づけによるものなのだろうか。

　報酬とともに外発的動機づけの方法として用いられるものに競争がある。競争に勝つという目的のために勉強に取り組むとき，勉強は手段であり，その取り組みは外発的に動機づけられたものと考える。たしかに勝つために手段を選ばないような競争では，とにかく結果を出すために必死に書いたり，読んだり，覚えたりすることはある。そんな取り組みは苦しく，学ぶ楽しみを味わうことは少ないだろう。まさに外発的に動機づけられた取り組みである。けれど，自分の上達の具合を量る目安として競争をとらえたらどうだろう。自分の上達の手応えを求めてライバルに挑戦するようなとき，その競争に向けた取り組みは自己有能感を満たそうと，自ら求めて行う内発的なものにちがいない。

　このように考えてくると，取り組みの目的が自ら求めたものか，それとも他から押し

付けられたものかによって内発的か外発的かを区別する方が，すなわち，因果律の所在を指標として内発性と外発性を区別する方がわかりやすいと私は思う。　【関田　一彦】

2　学習の原理

1　学習とは

　「学習」ということばから多くの人が連想するのは，学校の授業などにおいて新しい知識を身につける場面であろう。しかし心理学ではもう少し広く「学習」をとらえている。心理学では，学習とは「経験による比較的永続的な行動の変化」と定義される。成熟に従って生じる行動変化や，疲労や薬物などによる一次的な行動変化は，学習に含まれない。

　「学習」をこのように広く定義すると，知識だけでなく技能の獲得なども学習に含まれることになる。また，人間以外の動物も「学習」しうることになる。飼い犬が訓練によって「お手」ができるようになるのも，立派な学習である。

　さらに，一般的な意味での「学習」には，「社会的に望ましい」ものを身につけるニュアンスが含まれるが，心理学での「学習」という用語には，このような価値的な側面を含まない。つまり，社会的に望ましくないとされる行動であっても，それが経験によって身についたものであるならば，「学習」とみなされる。たとえば，「最初は何度も咳き込んだが，今ではなんとかたばこを吸えるようになった」というのも学習である（ただしニコチンの依存性が指摘されていることから，長年の喫煙習慣となると学習とは単純にはみなせないであろう）。

2　学習のメカニズム

　学習はどのようにして成立するのであろうか。人間の学習過程は非常に複雑かつ多様であるが，そのなかで基本的な学習形態として考えられるのが，古典的条件づけと道具的条件づけである。

(1)　古典的条件づけ

　古典的条件づけは，レスポンデント条件づけともいわれる。ロシアの生理学

者でノーベル賞受賞者でもあるパヴロフ（Pavlov, I.P.）による条件反射の実験は，古典的条件づけの代表的な例である。イヌにメトロノームの音を聞かせ，それに続けて肉粉を提示することを繰り返すと，やがてイヌは音を聞いただけで唾液を出すようになる。当初は，音を聞いただけでは唾液は出ない。音と餌が対提示される「経験」によって，音に対して唾液を出すようになるという「行動変化」が生じるのであるから，条件反射も学習である。

古典的条件づけとは，条件刺激に続けて無条件刺激を対提示することにより，条件反応を形成することをいう。パヴロフの実験で言えば，音が条件刺激，肉粉が無条件刺激，唾液分泌が条件反応である。条件反応とは，条件刺激と無条件刺激が対提示されるという特定の条件のもとで生起する反応を意味する。また，条件刺激と無条件刺激の対提示を強化という。

条件反応が成立した後，条件刺激のみを提示し無条件刺激を提示しないという手続きを繰り返すと，やがて条件反応が消失する。この手続きを消去という。たとえばパヴロフの実験では，古典的条件づけが成立した後，音だけを聞かせ肉粉を与えないようにすると，唾液の分泌量は徐々に減少していく。しかし消去後しばらく時間をおいて条件刺激を提示すると，条件反応が再びみられることがある。この現象を自発的回復という。

また，条件刺激と似た刺激でも，条件反応を引き起こすことができる。これを般化という。条件刺激との類似度が高い刺激ほど反応を生じさせやすい。刺激ごとに学習をしなくても，類似した刺激に対して同様の反応が生じるということは，学習が効率的に進むということでもある。

(2) **古典的条件づけの応用**

ワトソン（Watson, J.B.）とレイナー（Raynor, R.）は，古典的条件づけの手続きを用いて，赤ちゃんに白ネズミに対する恐怖心を生じさせる実験を行った。金属音を無条件刺激，白ネズミを条件刺激として対提示したという。このように恐怖心のなかには古典的条件づけによって生じるものもあるかもしれないが，逆に，病的な恐怖心を古典的条件づけによって低減させることもできる。また，アルコール依存症や夜尿症の治療に古典的条件づけに基づいた治療方法が効果

を上げることもある。こうした古典的条件づけの応用は、行動療法と呼ばれる心理療法に取り入れられている。

(3) 道具的条件づけ

道具的条件づけは、オペラント条件づけともいわれる。20世紀を代表する心理学者のひとりであるスキナー(Skinner, B.F.)は、自身の発明したスキナーボックスを用いて、道具的条件づけを体系的に研究した。道具的条件づけの典型的な手続きは、以下のとおりである。スキナーボックスは、レバーを押すと餌皿に餌が落ちてくる仕掛けになっている。ここに、空腹状態のネズミを入れると、ネズミは探索行動を行う。やがて偶然にレバーを押し、餌を得る。その経験を繰り返すうちに、ネズミはレバーを押すという行動と餌(報酬)の関係性に気がつく。すると空腹が満たされるまでレバーを押し続けるようになる。

道具的条件づけとは、このように、特定の自発的反応に対して報酬や嫌悪刺激を与えたり、逆に取り除いたりすることにより、反応の生起頻度を変えることをいう。また、反応の生起頻度を増加させるような手続きを強化、減少させるような手続きを罰という (表4.1)。

道具的条件づけにおいても、反応が成立した後で強化や罰を与えないようにすると、やがて反応は消去される。たとえば、ネズミがレバー押しを学習した後で、レバーを押しても餌が落ちてこないようにすると、ネズミはしばらくレ

表4.1 強化と罰の種類

強化	正の強化	報酬を与える	例:弟のお世話をしたらほめられたので、すすんで弟の面倒をみるようになった。
	負の強化	嫌悪刺激を取り去る	例:弟を叩いて謝らなかったので戸外に出されたが、謝ったら家の中に入れてもらえた。悪いことをしたらすぐに謝るようになった。
罰	正の罰	嫌悪刺激を与える	例:弟を叩いたら叱られたので、叩かなくなった。
	負の罰	報酬を取り去る	例:おやつの最中に弟とけんかをしたら、おやつをとりあげられたので、けんかをしなくなった。

バーを押し続けるが，その頻度は徐々に低下し，やがてレバー押しをやめる。

ただし，条件づけの手続きによって消去のされ方は異なる。レバー押しのたびに餌が出てくるような手続きで条件づけされた場合（連続強化）にくらべ，ときどきしか餌が出てこないような手続きで条件づけされた場合（部分強化）のほうが，消去されにくい。連続強化や部分強化といった，反応に対する強化の仕方を強化スケジュールという。

(4) 道具的条件づけの応用

道具的条件づけの例は，私たちの日常生活においても頻繁に見られる。子どものしつけはその典型である。また，ペットを飼っている人は，簡単な芸当を教えるときに道具的条件づけを使っているであろう。

それでは，イヌに「3回まわってワン」という芸当はどのように教えればよいであろうか。道具的条件づけでは，自発的な反応を強化する。しかし，イヌが自発的に「3回まわってワン」をすることはおそらくないであろう。そこでまず，イヌが1回まわることができれば強化し，それが十分にできるようになれば今度は2回まわれば強化する，その次には3回まわったときに強化する，というように，少しずつ身につけさせたい芸当に近づけていく。このように複雑な行動を獲得させるために，その行動を形成していくための下位目標を設定し，達成が容易な目標から順に条件づけていく方法をシェイピング（shaping）という。

もちろん人間の学習にも同様の方法が有効であり，たとえばスキナーが開発したプログラム学習にもシェイピングと同様の考え方である「スモールステップの原理」が取り入れられている。

3 社会的学習

ところで，古典的条件づけや道具的条件づけのプロセスでは，学習者自身が経験したり行動したりするという前提があるが，人間の場合，他者の行動を観察するだけで，その行動を学習することも多い。

たとえばバンデューラ（Bandura, A.）らは，幼児が大人のモデルの攻撃行動

を観察しただけで，その後の幼児の行動に攻撃行動が増加することを示した。さらにモデルの行動に対して与えられた強化や罰が，観察者の行動にも影響を及ぼすことを示した。

このように，モデルの行動を観察するだけでその行動が獲得される学習の形態を観察学習という。そして，モデルの行動に対してモデルに与えられる強化を代理強化と呼ぶ。観察学習は，自らが直接行動しなくても学習が進むということであり，人間の学習をより効率的にするプロセスといえる。

バンデューラは，人間が他者からの影響を受けて社会的な習慣や態度，価値観，行動など多くのことがらを学習していくプロセスを社会的学習理論としてまとめている。また，認知的機能の役割を重視し，自己強化や自己効力感などについても検討を行っている。

4 学習に影響を与える要因

習字を習うと，普段，鉛筆やペンで書く字もきれいになる人がいる。このように，前に学習したことがその後の学習に影響を及ぼすことを転移という。そして，先に述べた習字の例のように前に学習したことが後の学習を促進する時には正の転移，逆に妨害するような場合には負の転移という。

転移が生じる条件としては，前と後の学習の内容や方法に共通した要素が含まれること，前の学習において後の学習にも適用できる一般原理が学習されることなどがあげられる。

また正の転移には，学習の構えも重要である。類似した学習課題を経験していくと，個々の課題は異なっていても，次第にその種類の課題の学習が容易になっていく。つまり，どのようにして学習するかを学習するのであり，「学び方の学習」とも呼べるものである。

5 記　憶

学習は，過去の経験をおぼえ（記銘・符号化），保存し（保持・貯蔵），必要なときにおもいだす（想起・再生）プロセスに支えられている。このプロセスを記憶

という。ひとくちに「記憶」といっても，さまざまな観点から区分することができる。

(1) 短期記憶と長期記憶

人間の記憶は，情報を保存する時間の長さによって，おおまかには短期記憶と長期記憶に区分することができる。

電話帳などを見ながら電話をかける場合，番号をダイヤルし終わるまでは番号を覚えているが，用件が済んだときにはダイヤルした番号を忘れてしまっていることがある。短期記憶とは，文字通り，このような短時間しか保持されない記憶のことをいう。

短期記憶の他の特徴として，容量に限界があることがあげられる。短期記憶の容量は次のようなやり方で測ることができる。「5，6，2，9，0，4…」のようなランダムな数字を他の人に読み上げてもらい，それを順に復唱する。そして，何桁まで復唱できるかを調べるのである。すると，多くの人が，7桁前後まで復唱できる。数字でなくともアルファベットでも同様である。ミラー (Miller, G.A.) は，これを「マジカル・ナンバー7±2」と呼んだ。ただし，7±2文字しかおぼえられないというのではなく，単語でも同様に7±2個おぼえることができるといわれている。つまり，情報の意味のあるまとまりが7±2個おぼえられるのであり，この意味のあるまとまりのことをチャンクという。

また，短期記憶は，計算，読書，推理などの認知的な課題を行う際の作業場のような役割を果たすと考えられている。たとえば，暗算をするときには，まず問題そのものを覚えておく必要があるし，途中の計算結果も必要に応じて思い出さなくてはならない。短期記憶は，このような認知的な作業に使われていると考えられており，作動記憶（working memory）と呼ばれることもある。

短期記憶に保存されている情報は，この間に声に出して復唱したり頭の中で情報を繰り返したりしなければ，急速に失われてしまう。短期記憶内の情報を，何回も反復して想起することをリハーサルといい，単なる情報の繰り返しを維持リハーサルという。これに対して，情報のイメージ化や連想を行ったり，複数の情報を意味的に関連づけたりすることを精緻化リハーサルという。精緻化

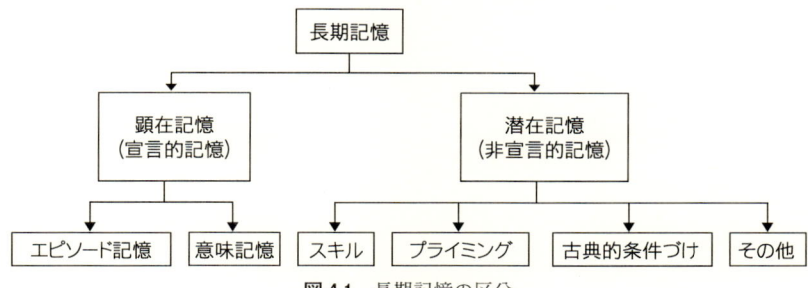

```
                    ┌─────────┐
                    │ 長期記憶 │
                    └────┬────┘
              ┌──────────┴──────────┐
         ┌────┴────┐            ┌────┴────┐
         │ 顕在記憶 │            │ 潜在記憶 │
         │(宣言的記憶)│          │(非宣言的記憶)│
         └────┬────┘            └────┬────┘
         ┌───┴───┐        ┌────┬────┼────┬────┐
      ┌──┴──┐┌──┴──┐  ┌──┴─┐┌─┴──┐┌┴───┐┌┴──┐
      │エピソード││意味記憶││スキル││プライミング││古典的 ││その他│
      │  記憶  ││     ││    ││       ││条件づけ││    │
      └─────┘└─────┘└────┘└───────┘└────┘└───┘
```

図 4.1 長期記憶の区分

(出所：Squire, L.R. & Knowlton, B.J. 1995 Memory, hippocampus, and brain systems. In Michael S.Gazzaniga et al. (Eds.), *The cognittve neurosciences*. MA: MIT Press)

リハーサルは，より効果的に，短期記憶内の情報を長期記憶に転送できるといわれる。

長期記憶は短期記憶と異なり，ほぼ無限の容量をもち，また，一生続く永続的な記憶である。そして保存される情報の内容によって，潜在記憶と顕在記憶，宣言的記憶と非宣言的記憶，あるいは，エピソード記憶と意味記憶などといった長期記憶の区分が提唱されている（図4.1）。

(2) **系列位置効果**

ところで短期記憶と長期記憶を区別する根拠はどのようなものであろうか。根拠のひとつとして系列位置効果という現象をあげることができる。系列位置効果とは，いくつかの単語からなるリストを学習した後で再生するときにリスト内でのその単語の位置によって再生成績が異なる現象である。リストの最初の部分で提示された項目の成績が優れていることを初頭効果，終わり部分で提示された項目の成績が優れていることを新近性効果と呼ぶ。記憶する項目の数を増やすと，初頭効果の大きさとリスト中間部の成績は変化するが，新近性効果は変化しない。一方，学習から再生までの間に妨害課題を行わせると，初頭効果および中間部の成績は影響を受けないが，新近性効果は消失する。これらの実験結果から，初頭効果と親近性効果はそれぞれ長期記憶と短期記憶を反映していると考えられている。最初の部分は中間部よりも多くリハーサルされたり深く処理されたりするために長期記憶に定着されやすく，そのため再生成績

がよくなる。これに対し終わり部分の項目は短期記憶から直接検索されるために再生が優れていると考えられる。

(3) 忘　却

先に述べたとおり，長期記憶は，一度貯蔵されれば理論的には半永久的に続く記憶である。しかし実際には，どうしても必要なことがらを思い出すことができないという経験を誰しもがもっている。思い出したり意識したりすることができないことを忘却というが，忘却にはさまざまな要因がかかわっている。なぜ忘却が起こるのかを説明する理論としては，記憶痕跡の減衰説，干渉説，検索失敗説などがある。

記憶痕跡の減衰説は，記憶したものの痕跡が脳のどこかに残るが，これが時間の経過とともにしだいに薄れていき，ついには思い出すことができなくなるという考えである。

干渉説は，記憶した内容が他の記憶によって干渉を受けるために忘却が起こるという考えである。新たに記憶した内容が過去に記憶した内容に干渉することを逆向抑制といい，過去に記憶した内容が新たな記憶に干渉することを順向抑制という。この干渉効果は記憶内容の類似性が高いほど大きくなるといわれる。

検索失敗説は，忘却は検索の失敗が原因で生じると考える。つまり，情報は記憶に貯蔵されているが，適切な検索手がかりが存在しないために思い出せないという考え方である。「喉まででかかる」という経験は，検索失敗の典型例である。

(4) 記憶をよくする方法

テスト勉強の際なかなか記憶できなくて，しかも試験になると苦労して記憶した内容が思い出せず悔しい思いをした人もいるであろう。効率よく記憶し，そして，忘却をできるだけ防ぐにはどのような方法があるであろうか。

関連する情報をまとめ整理して覚えると，より多くの情報を効率的に記銘できる。たとえば，「銀行員，猫，リンゴ，犬，弁護士，ミカン，バナナ，牛，医者」というリストをおぼえるとき，「職業」「動物」「果物」に分けておぼえ

るというようなやり方である。このような方法を体制化という。体制化は，記銘を容易にするだけでなく，ある情報を思い出せばそれが検索手がかりとなり，関連情報の検索も容易になる。

記銘するときと再生するときの，自身の内的状態や文脈が一致していることも，検索を容易にする。これらの効果は，それぞれ状態依存効果，文脈依存効果と呼ばれる。

また，記銘する際の処理の深さも，記憶成績と関連する。たとえば単語の文字形態（大文字・小文字どちらで書かれているか，など）や音韻に注意したり，単語を繰り返し読み上げたりというような「浅い」処理を行うよりも，単語の意味を考えたり自分の経験と関連づけたりするような「深い」処理を行う方が，記憶成績は向上する。

【原　奈津子】

③ 知識，スキルの獲得

学校教育における中心的な課題は授業である。授業を通して学習者（児童・生徒・学生）の「変化・成長」をいかに演出するか，これが教師の役割であり，問われるべき教育力である。ここでは授業場面を意識しながら，知識やスキルの獲得について考える。

1 授業の構成要素

授業は，学習者と教師と教材（学習内容）が相互に影響し合いながら一定の文脈のもとで展開する（図 4.2）。授業場面を演出して知識やスキルの獲得を促すためには，学習内容である知識やスキルの構造や特徴，学習者の既有知識や下位スキルの有無，学習内容や学習者に関する教師の認識などが関与している。教師には，これら三者の関係性も含めた深い認識と見識が求められる。

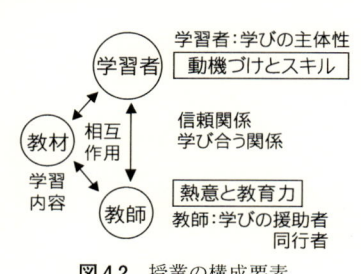

図 4.2　授業の構成要素

また，学習者の学びに対する動機づけと学習スキルのレベル，教師の教育観や指導力，教育に対する熱意も深く関与しており，これらの諸要素が学習過程の展開を決定づける。その際，学習者と教師および学習者同士が相互の信頼関係に基づき，互いに学び合う関係の創出が，その基本におかれるべきである。

2 知識の種類と構造

知識が最終的にどのようなかたちで学習者に獲得されるのか，そこに既有知識がどのように影響し，影響されるのか，知識の獲得を考えるさい重要な点となる。

まず，知識の種類やその特徴を考える。これまでの研究結果から，知識は宣言的知識（declarative knowledge）と手続き的知識（procedural knowledge）に大別される。

(1) 宣言的知識

宣言的知識は「日本の首都は東京である」といった事実に関する知識である。宣言的知識にはいくつかタイプがあるが，ここでは概念と命題を紹介する。

①**概念**　概念は知識の基本単位であり，内包と外延で構成されている。たとえば「机」という概念は，物を載せる天板とその天板を支える脚から成り立っ

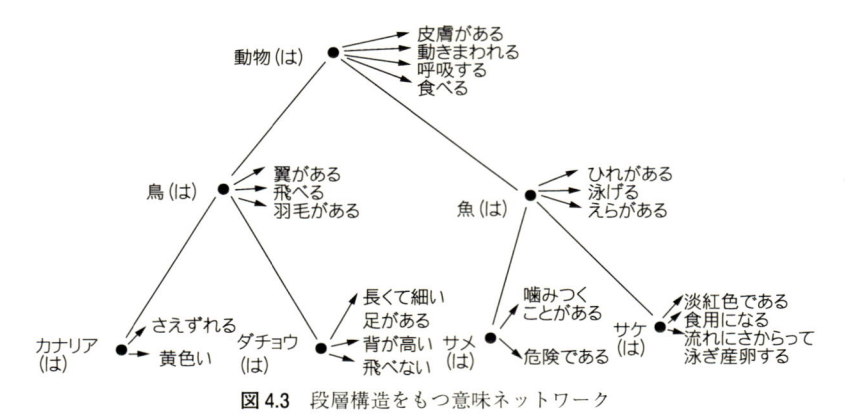

図 4.3　段層構造をもつ意味ネットワーク

（出所：Collins, A.M., & Quillian, M.R. 1969 Retrieval time from semantic memory. *Journal of Verval Learning and Verval Behavior*, 8）

ている。これはすべての机に共通する特徴であり，概念の内包と呼ぶ。これらの特徴を共有するかぎり，天板の形状や素材，脚の数や長短にかかわらず机と呼べる。机という概念の内包を満たすすべてのものを概念の外延と呼ぶ。概念を使うことによって個々の物事に囚らわれることなく，一般的，抽象的内容を語ることができる。

概念はバラバラな状態で獲得されているのではなく，なんらかの意味的なつながりによって相互に関連しあって存在する。その関連性をコリンズ（Collins, A. M.）とキリアン（Quillian, M. R.）は意味ネットワークで表している。たとえば，図 4.3 に示したように，動物，鳥，カナリアなどの概念は，一定の意味的つながりをもって記憶されている。

②**命題** 「カナリヤは動物である」という知識は，カナリヤと動物という 2 つの概念を含んでいるが，それだけではなくカナリヤが動物に含まれるという概念同士の関係性までも含んでいる。このように概念同士の関係性を含み，真偽判断が可能な最小限の知識を命題と呼ぶ。

複雑な知識はこの命題の連鎖として表すことができる。たとえば，「きのうマスオがサザエにあげたのは赤いバラである」という知識は「きのうマスオが

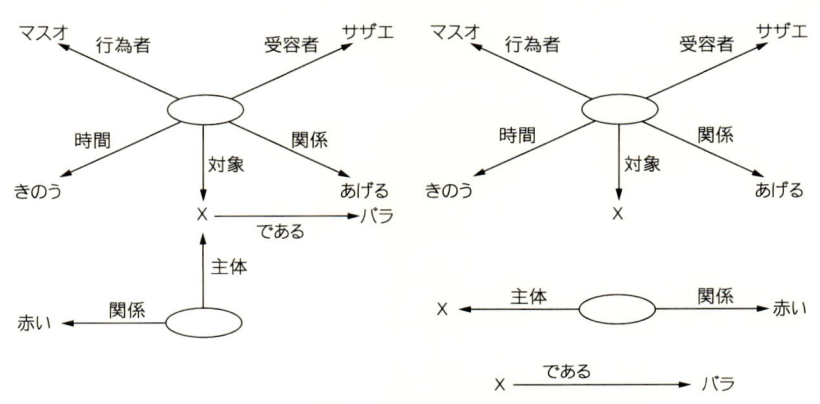

左図：「きのうマスオがサザエにあげたのは赤いバラである」という宣言的知識
右図：左図のネットワーク上に含まれる 3 つの命題

図 4.4 命題ネットワークの例
（出所：子安増生・田中俊也・南風原朝和・伊藤裕司　1992　ベーシック現代心理学：教育心理学　有斐閣）

サザエにXをあげた」「Xはバラである」「Xは赤い」という3つの命題に分割できる。この3つの命題を，関係性も含めて図示したのが命題ネットワーク（propositional network）である（図4.4）。

　③**ノードとリンク**　意味ネットワークも命題ネットワークも概念や命題の相互関係を示すために，楕円や点（ノード）と矢印（リンク）を用いて表現している。知識をノードとリンクで表せることを知ると，ノードとリンクを増やすことが知識の獲得につながるという直感的な理解に役立つ。また，リンクによって他の多くの知識と結ばれている知識は記憶されやすいという知見を知っておれば，知識を獲得する際に準拠枠として役立つ。つまり，新しく獲得した知識を意図的に他の知識と関連づけさせることにより，記憶を促進させることができる。このような知識の獲得といった認知活動についての認識をメタ認知（meta-cognition）と呼ぶ。

(2)　**手続的知識**

　手続的知識とは，文章を理解するための認知スキルや，ボールを蹴るなどの運動スキルを遂行するための知識をさす。

　これらのスキルに関する知識は宣言的知識とは異なり，言語で表現することが難しいか不可能である。また，いったんスキルが獲得されるとスキルの遂行は自動化される。

　手続的知識はプロダクション・システムで表現される。プロダクションとは，If「もし……ならば」という条件部と，Then「その時は……しなさい」という行為部から成り立っている。たとえば，文章を読んでいるとき「もしわからない単語があれば，その時は辞書で意味をひきなさい」というのがプロダクションの例である。文章を理解する過程ではこのようなプロダクションが数多く含まれており，順序立てられて実行されている。

3　知識の獲得

　宣言的知識の獲得には，上で述べた知識間の関連づけが有効である。次に関連づけを生かした学習法を紹介する。

(1) 有意味受容学習

学習は「受容-発見」と「機械的-有意味」の2次元にそってタイプ分けできる。オーズベル（Ausubel, D.P.）は獲得すべき知識が外部から与えられ（受容），与えられた新しい知識を既有知識と有機的に結びつけ，体制化する（有意味）といった活動を含む学習を提案し，有意味受容学習（meaningful reception learning）と呼んでいる。

この有意味受容学習を効果的に進めるために，獲得すべき知識（主な教材）を与える前に，先行オーガナイザー（advance organizer）を学習者に意識させることを勧めている。先行オーガナイザーとは，新しい知識を包摂するより大きな概念であったり，新しい知識に関連する知識であったりする。先行オーガナイザーを活性化することにより，新しい知識を獲得する際，先行オーガナイザーとの関連づけが活発に行われ，学習が促進される。

(2) LTD話し合い学習法

知識の獲得に有効な関連づけの対象を客観的・一般的な既有知識にとどめず，学習主体である学習者自身に直接関連した知識にまで拡大した学習法がある。それがLTD話し合い学習法（learning through discussion）である。LTDは協同学習の一技法であり，仲間との話し合いを通して読書課題（教科書の一章や新聞記事，論文や随筆など）の理解を深める。

LTDは表4.2に示す過程プランにしたがって学習が展開される。読書課題を予習してきた5，6名のメンバーが過程プランにそって話し合う。その際，理解の段階で読み取った読書課題の主張や新しい知識を，関連づけの段階では一般的な知識（ステップ5）や学習者自身（ステップ6）と関連づけることにより，読書課題の理解を深めることができる。とくに読書課題の主張や新しい知識を学習主体である学習者自身と関連づけることにより，学習意欲を高めるという効果も期待されている。

なお，LTD過程プランはブルーム（Bloom, B. S.）の教育理論に依拠しており，認知領域における教育目標のタキソノミーを具現化した理想的で実践的な学習モデルといえる。ブルームは学習過程を低次の学習と高次の学習に分けている。

表 4.2 LTD 話し合い学習法の過程プラン

段階	ステップ		討論内容	配分時間		
準備	St.1	導　入	雰囲気づくり	3分		
理解	St.2	語いの理解	ことばの定義と説明	3分	低次の学習	収束的思考
	St.3	主張の理解	全体的な主張の討論	6分		
	St.4	話題の理解	話題の選定と討論	12分		
関連づけ	St.5	知識の統合	他の知識との関連づけ	15分	高次の学習	拡散的思考
	St.6	知識の適用	自己との関連づけ	12分		
評価	St.7	課題の評価	課題の評価	3分		
	St.8	集団の評価	ミーティングの評価	6分		
				(合計 60 分)		

　低次の学習は記憶中心の学習であり，LTD過程プランのステップ1から4にあたる。低次の学習では，読書課題で述べられた主張をできるだけ客観的に理解し，記憶することが目的となっており，収束的学習とも呼ばれる。一方，高次の学習は思考中心の学習であり，ステップ5から8にあたる。低次の学習でえられた内容を手がかりに，他の知識や自己との関連づけを通して，理解を創造的に深めるので拡散的学習とも呼ばれる。高次の学習は低次の学習を前提に成り立っている点に注目することが重要である。

(3) 知識の変容

　有意味受容学習やLTD話し合い学習法では，新しい知識を既有知識と積極的に関連づけることにより，知識の獲得を促進することを試みている。その際，新しい知識は既有知識からの影響を受け，修正されて記憶される。いったん記憶された知識が曖昧であったり，不確定なものであると，既有知識の影響を受けてさらに変容することが知られている。

　このような現象はバートレット（Bartlett, F.C.）によって提唱されたスキーマ（schema）によって理解できる。スキーマとは物や場面や出来事に関する一般的な知識であり，新しい情報を解釈したり，処理する際に基本的な枠組みとして働く。また，自分自身に関する知識の総体は自己スキーマと呼ばれ，自己に

関する情報を処理する際の準拠枠となる。

4　スキルの獲得
　ここではスキルの獲得過程を検討するために社会的スキル訓練を取り上げる。
(1)　社会的スキルとは
　社会的スキルとは，佐藤正二によれば「対人関係を円滑に運ぶための知識とそれに裏打ちされた具体的な技術やコツを総称したものである」。たとえば，授業の始めに挨拶することも，授業中に先生の話をしっかりと聞くことも，自分の意見を恥ずかしがらずに伝えることも，すべて社会的スキルとみなせる。これらの社会的スキルが獲得できていないと，円滑な対人関係や，効率的な学習が阻害されることになる。
(2)　社会的スキル訓練
　社会的スキルは，自動車の運転スキルと同様，適切な手続きを踏むことにより，意図的，計画的，そして効果的に獲得させることができる。社会的スキルを訓練する方法が社会的スキル訓練である。
　社会的スキル訓練では，まず訓練対象者と改善が求められている標的スキルを特定し，次の5つのステップにそって訓練が行われる。
　ステップ1（言語的教示）では，対人関係における標的スキルの機能と効果を理解させる。十分な理解を通して，訓練に対する訓練対象者の期待や動機づけを高める。ステップ2（観察学習）では，標的スキルを適切に使っているモデルと不適切に使っているモデルの行動を観察させ，自分の取るべき行動を明確に理解させる。ステップ3（行動リハーサル）では必要な援助を加えながら，安全な環境で実際に標的スキルを実行させる。ステップ4（フィードバックと強化）では，参加者が実行した標的スキルの適切さについて，ポジティブに評価し，改善すべき点を伝える。その際，否定的な表現は使わない。最後にステップ5（自然場面での指導）では，安全な環境のもとで定着した標的スキルを自然な場面で実行させ，現実場面で教師のサポートがなくても標的スキルを実行できるように導く。この学習過程を教師が理解し，適切に実行できる環境を整え，実践す

ると標的スキルが改善される。

5　主体的な学習

いま一度，図4.2（115頁）に示した授業の構成要素に戻ると，これまで教材としての知識やスキルの特徴を理解し，それらを学習者が学ぶ過程をみてきた。そこでは常に教師が授業を演出し，学習者の学習過程をコントロールしていた。しかし，最終的に求められることは学習者が主体的に知識やスキルを学び続けられる能力を身につけ，学習過程を自分でコントロールすることである。

学習過程をコントロールするためには，学習者がそれだけの能力を備えておく必要がある。この点を自己教育という観点から検討した梶田叡一は，自己教育の主要な側面として図4.5に示す4つの構えと7つの力をあげている。つまり，学習過程をコントロールし，自分自身を教育できるためには，成長・発展への基本的な志向性をもち（Ⅰ），その志向性にそって自分自身を前進させ（Ⅱ），その前進を支える学習スキルや基礎学力があり（Ⅲ），それらを実現する自信とプライド，安定性（Ⅳ）が備わっている必要がある。学習過程をコントロールできれば，教師は多くの役割を学習者に委ねることができる。結果として，学習者は主体的に学習に取り組むことができ，大きな達成感を獲得できる。

主体的な学習者を育てるためにはそれに相応しい，教育理念と方法を教師は学ぶ必要がある。たとえば，協同の理念と方法に基づき授業を展開することにより，知識やスキルの獲得を促すことはもちろん，知識やスキルを主体的に学び続ける学習者の育成が期待できる。

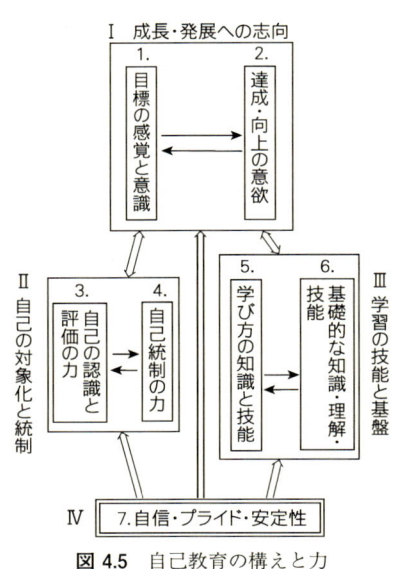

図4.5　自己教育の構えと力
（出所：梶田叡一　1985　自己教育への教育　明治図書）

【安永　悟】

参考文献

〔1節〕
波多野誼余夫・稲垣佳世子　1973　知的好奇心　中公新書
桜井茂男　1997　学習意欲の心理学　誠信書房
奈須正裕　2002　やる気はどこから来るのか―意欲の心理学理論―　北大路書房
デシ, E., フラスト, F. 桜井茂男監訳　1999　人を伸ばす力―内発と自律のすすめ―　新曜社

〔2節〕
ブルーアー, J.T. 松田文子・森敏昭監訳　1997　授業が変わる―認知心理学と教育実践が手を結ぶとき―　北大路書房
今田寛　1996　学習の心理学（現代心理学シリーズ3）　培風館
森敏昭・21世紀の認知心理学を創る会　2001　おもしろ記憶のラボラトリー（認知心理学を語る1）　北大路書房

〔3節〕
ブルーアー, J.T. 松田文子・森敏昭監訳　1997　授業が変わる―認知心理学と教育実践が手を結ぶとき―　北大路書房
ジョンソン, D.W.・ジョンソン, R.T.・スミス, K.A. 関田一彦監訳　2001　学生参加型の大学授業―協同学習への実践ガイド―　玉川大学出版部
佐藤公治　1996　認知心理学からみた読みの世界―対話と協同的学習をめざして―　北大路書房
安永悟　2006　実践・LTD話し合い学習法　ナカニシヤ出版

演習問題

〔1節〕
1　自分がイメージする授業の過程を動機づけという視点でとらえ直してみよ。
2　内発的動機づけを基盤とした教育の意義をまとめよ。

〔2節〕
1　3つの学習のメカニズムを要約せよ。
2　学習の転移が教育上どのような意義をもつか述べよ。
3　記憶のとらえ方の枠組みおよび特徴を整理せよ。

〔3節〕
1　活用できる知識，スキル獲得のための基礎的な研究成果を整理せよ。
2　学習者の自己教育力を高めるための教育的な視点を解説せよ。

第5章　学びの理解：支援の手立て

1　学力と教育評価

1　学　力

　教育評価とは，教育活動を継続していく過程で，その立案と遂行の実態を把握し，それに価値的判断を加えることである。教育活動の中心は学習者に学力を形成することであるから，学習者の学力形成状態に対する評価が中心的課題である。しかしながら，「学力」をどのようなものと考えるか（学力観）には個人差があり，ある学習者の学力を評価するといっても，簡単な問題ではない。OECDの国際学力比較データに基づいて「学力が低下した」と指摘している人の「学力」と，「百ます計算をすべきだ」と主張する人の「学力」は，同じものではないのである。戦後の日本の教育界も，読み書き計算の基礎学力を重視する学力観と，ゆとり教育の学力観の間を揺れ動いてきた。

　教育心理学において「学力」という場合は，どちらかの学力観を排除すると

表5.1　学力のとらえ方

	測りやすい力	測りにくい力
学んだ力	知識 （狭義の）技能	読解力，論述力 討論力，批判的思考力 問題解決力，追究力
学ぶ力		学習意欲，知的好奇心 学習計画力，学習方法 集中力，持続力 （教わる，教え合う，学び合うときの） コミュニケーション力

（出所：市川伸一　2004　学ぶ意欲とスキルを育てる　いま求められる学力向上策　小学館）

いうことではなく，表 5.1 でわかるように人間の知的な能力を包括的に「学力」と考える。それぞれの力は測定できるか否かにかかわらず，お互いに関連し合って知的活動を支えているのである。一般には測りやすい力ばかりが注目されがちであるが，教育評価を考えるにあたっては，人間が一生涯にわたって学習できるように，自ら学ぶ意欲をつけたり，社会の変化に主体的に対応できる能力を身につけられているかを評価していくことが重要である。この考えは現行学習指導要領にも反映されている。

2 教育評価の意義
(1) 学習者にとっての意義
　学習の主体は学習者にあるから，教育評価の目的は，第一義的には学習者に資するということである。

① 学習活動の改善　提示された検査項目（テストの出題内容など）によって各単元の重要事項がわかり，検査結果（テストの得点など）によって自分の習得度がわかり，家庭学習の適切性が判断できるので，検査はその後の自分の学習活動を改善するための判断材料になる。評価用の課題が教師から与えられることは学習の動機づけになり，定期的なテストは家庭学習のペースメーカーとして機能する。さらに，一般的な学習の仕方を習得することができる。

② メタ認知の育成　自己学習の量の判断（どこまで頑張れば，どのくらい達成できるか）や，質の判断（何をどのように練習すれば，知識や技能が定着するか）が，検査結果や教師からの評価によって，より明確化する。

③ 進路適性の把握　所定の習得レベルに，より少ない学習量で到達する教科や単元は，多大な努力を必要とする教科や単元に比較して，適性があることが自分で判断できる。

(2) 教育者にとっての意義
　評価は，その時期と目的によって表 5.2 のような 3 タイプがある。
　① 集団としての学習の成果を総括的に評価することで，目標達成度と採用した指導法の的確性が判断でき，教授活動を改善できる。

② 事前に診断的評価を行うことによって，クラス編成を効果的に行える。
③ 事前の診断的評価により，学習者の準備状況（既有知識）が把握できる。
④ 指導中の形成的評価によって，指導対象の個々の学習者の習得状況が把握できるので，指導法を軌道修正し，柔軟な形での指導が実施できる。
⑤ 評価情報をフィードバックすることで，学習者を動機づけられる。
⑥ 検査内容（出題内容や，配点など）によって，学習者にどの部分が重要であるかとか，どこまで学習範囲を広げるかといった情報を伝え，習得行動に影響を与えることができる。

(3) コミュニティにとっての意義

学校は，教育評価の記録を「指導要録」として保管，活用することになっている。また，国立教育政策研究所は，学力調査などを行って教育課程の実施状況について把握し，結果を文部科学省や教育委員会に提供している。

表5.2　3種の評価タイプの比較

	診断的	形成的	総括的
機能	既習知識の確認 既習事項の確認 教授方式との相性 学習スタイルの把握 （→クラス分け）	学習の進展に関する教師と生徒へのフィードバック 治療的指導用の誤り確認	成績評価 単位認定
時期	学年学期の開始時 新単元導入時 指導方針修正時	教授活動の進行中	学年学期の終了時 単元終了時
強調点	認知的，情意的及び精神運動的能力 身体的，心理的，環境的要因	認知的能力	認知的能力 教科により情意的能力 精神運動的能力
評価手段のタイプ	予備テスト 標準学力テスト 標準診断テスト 教師自作テスト 観察とチェックリスト	特別に作られた形成的テスト	期末テスト 総括的テスト

(出所：Bloom, B.S., Hastings, J.T. & Madaus, G.F.　1971 *Handbook on formative and summative evaluation of student learning.* New York: McGraw-Hill. 梶田叡一・渋谷憲一・藤田英饗訳　1973　教育評価法ハンドブック　教科学習の形成的評価と総括的評価　第一法規. 邦訳より改変)

① 学習の成果を総括することで，地域社会に対する説明責任がはたせる。
② 評価資料を，所属生徒の進路指導における判断材料として活用できる。
③ 進学先または転校先の学校から求められた時に，学習歴が示せる。
④ 学習の進捗状況を保護者に通知することで，学校と家庭の連携ができる。
⑤ 広域学力調査の実施によって，教育政策の効果や適切性を評価したり，日本の学習者の特徴を把握することができ，改善への示唆が得られる。
⑥ 実践報告の蓄積が教育研究の対象になれば，教育水準向上に貢献する。
以上のように，教育活動において評価は重要な位置を占めている。

3　評価の方法

評価のための資料を収集するにはいろいろな方法があるので，目的や学習者の状況によって，最も適切な方法を組み合わせて採用するようにする。

(1) 自然観察法

教師は日々生徒と接しているが，その時の印象からの直感的な判断を無視することはできない。関心や意欲はもちろんのこと，教師の解説に対する学習者の理解度も知ることができる。後述する偏見に注意しさえすれば，最も正確で豊富な情報が得られ，適切な評価が可能になる。

(2) 記録蓄積法

出欠席状況，課題提出記録，さまざまな活動への参加記録など，評価の客観性を保つためには，記録の蓄積が欠かせない。

(3) 検査実施法

特別な機会を設けて検査を実施するのが，この方法である。

① **文書検査**（いわゆるペーパーテストのこと）　これは表5.3に示すような6種類がある。採点の簡便性と客観性の見地から，日本の小・中学校では客観テストが多用されているが，そのことが学習の質を低め「ごまかし勉強」を発生させる原因にもなっているので，出題の工夫が求められる。

② **反応点検**　一斉授業の最中に全員の反応を取って，形成的評価を行う手段である。黒板に選択肢を提示して，生徒に挙手や手許の札の提示をさせたり，

表 5.3　ペーパーテストの種類

	大分類	下位分類		説明，例示等
会場一斉実施	1 論文体テスト			題名指定小論文 個性的解答要求
	2 客観テスト	再生	短答式記述 完成式記述 訂正式記述 演算問題（技能）	定義解説，実例提示 空所補充 誤文訂正 数式計算，図形の証明
		再認	真偽 多肢選択 組み合わせ 選択完成 再配列 その他	○× 正答選択，誤答選択 A群B群を線で結ぶ 選択式空所補充 語順整序作文 正解提示があるもの
	3 問題場面テスト	既習場面	読解解釈	長文，図表，資料 実験場面提示と設問
			演算型	数学文章題
		新設場面	新学力観問題	新課題の解決
	4 持ち込み可テスト			翻訳，課題解決
その他	5 持ち帰りテスト			調べ学習＋レポート
	6 口頭発表			調べ学習＋口頭発表

（出所：藤澤伸介　2002　ごまかし勉強　下　ほんものの学力を求めて　新曜社）

アナライザを利用したりする。全員の生徒を授業に参加させる効果もある。

　③**その他**　面接を行ったり，口頭発表や実技発表などによるパフォーマンス評価を行うことで，知識以外の技能や態度の評価を行うことができる。

(4)　**作品法**

　総括的評価に最も適しているのが，一定期間で仕上げられた論文や美術作品を評価する方法である。また，すべての学習記録や学習成果を一冊のファイルに綴じ込んでいく「ポートフォリオ」を，評価の対象にする方法も最近は注目されている。

4 評価の種類

(1) 目標準拠評価と集団準拠評価

　目標準拠評価は，教育目標がどこまで達成されたかを教師が評価するやり方で，絶対評価とも呼ばれる。教師の評価力に最も信頼が置かれている方法で，通常は教師自作テストが用いられる。一方で集団準拠評価は，学習者を所属集団内で序列化したときの位置を測定するやり方で，相対評価とも呼ばれる。相対評価は教師ごとの主観が排除できるので，進学の適否情報に使われることが多い。ただし，標準学力テストが用いられれば正確な位置の把握が可能になるが，標準化せずに集団ごとに別個の検査を用いると，集団間の優劣調整が困難になる。また，相対的に評価されると学習者は全体の様子を気にするようになるため，受験圧力が高い時期には競争原理が働いて全体の学力レベルが向上するが，圧力が低くなると怠慢への同調行動が生まれ，全体のレベルが低下する。相対評価には，ある割合の学習者に必ず最低評定を割り当てねばならないというマイナス面もあり，2002（平成14）年度からは通知表では絶対評価を採用するようになった。

(2) 個人内評価と個人間評価

　目標準拠評価も集団準拠評価もいずれも個人間評価であるから，習得状況が芳しくない場合には常に低い評価になり，これが学習者の意欲をそいで悪循環の素になることがある。これに対し，学習者自身が達成目標を定めてそれに対する到達度を判定したり，過去の達成度と比較することで学習の進展を評価するのが，個人内評価である。学習者の意欲を高めやすい一方で，教師からの適切な支援を欠くと本人の独断に陥りやすい。

(3) 評定法と論述法

　日本で教育評価といえば，5・4・3，優良可，A・B・C等の段階を決めて分類する評定法が一般的であるが，文章で詳しく記述する論述法もある。簡便性や明瞭性では評定法が優れているが，問題点の伝達やその改善方法の考察という点から考えると，論述法の方が学習者が納得しやすい。

(4) 測定による評価と範疇化による評価

知識は，ペーパーテストの実施により量的に測定し，測定値を段階に区切って評定値を割り当てるが，測定しにくい学力については，観察法，記録蓄積法，作品法などにより評価せざるをえない。このときのやり方が範疇化法である。「興味を示さない」「取り組むが，必要最低限」「自分なりの方法を工夫する」「自発的に新しい問題意識へと発展させている」などの範疇を決めて評価するのである。このときのレベル設定の仕方を基準（standard）といい，基準判定規則集のことをルーブリックという。

(5) 総合評価と観点別評価

ある教科の学力を，いろいろな側面を注意深く質的に評価していくやり方が，観点別評価である。「関心・意欲・態度」「知識・理解」「思考・判断」「表現・技能」等の観点を決め，教科ごとにどんな教育目標について成績をつけるかの規準を決めることになる。たとえば，英単語について「文化的背景に関心があり，辞書で詳しく調べようとする意欲がある」「日本語訳，品詞，活用，類義語との差異がわかる」「状況に応じて正しい文を組み立てることができる」「文中でも正しく発音できる」などと決めれば，これが規準（criterion）になる。基準と規準は読み方が同じなので，もとじゅん，のりじゅんと読んで区別することが多い。規準を増やしさえすれば信頼性が高まる訳ではないので，項目は吟味が必要である（山森光陽　2003　中学校英語科の観点別学習状況の評価における関心・意欲・態度の評価の検討―多変量一般化可能性理論を用いて―　教育心理学研究，51，195，204）。

(6) 客観性・信頼性・妥当性

評価の仕方自体を評価するときの目安として，注目されるのがこの3点である。客観性は，テスト実施者の予断や先入観に評価が影響されない，信頼性は，別の測定を行っても評価が一貫している，妥当性は，測定目標の力を余すところなく評価できているということである。

5　評価のタキソノミー

　日本の学校では，校長室に「本校の教育目標」が掲げられており，さらに学校要覧にもその目標が掲載されて，生徒や保護者に伝えられている。しかしながら，表現はかなり抽象的であることが多く，教室での具体的な指導とどのようなつながりがあるかが明瞭ではない。たしかに，教科ごとには学習指導要領に指導目標が示されているが，教科を越えて共通する教育目標が，学校として一貫性をもって構築されていなければならないはずである。そのためにも，教育目標は体系的かつ階層的でなければならない。

　ブルーム (Bloom, B.S.) らは，教育目標に認知的領域，情意的領域，精神運動的領域の３領域があると考え，それぞれの領域の階層性を分類学 (タキソノミー) として提唱している。

　認知的領域は主として思考力のことであるが，学習者の情報処理の浅い段階から深い段階まで，知識→理解→応用→分析→総合→評価の６つのランクを設けている。この領域を評価するには，「知識」については豊富さだけでなく意味処理の深さ，「理解」については知識同士の体系性の把握度，「応用」については適用範囲の広さ，のようにチェックリストにすると考えやすい。表現力については，独創性を評価することを忘れてはならないだろう。

　情意的領域は関心・意欲・態度の評価が該当する。ブルームの階層性では，受け入れ→反応→価値づけ→組織化→個性化のようにランクづけられている。これについても，「受け入れ」はどこまで注意を向けたか，「反応」はどこまで積極的に近づこうとしたか，など考え出すことが可能である。情意的領域は客観的評価が困難であるが，観察法，記録蓄積法，質問紙法などを組み合わせれば，決して評価は不可能ではない。また，精神運動的領域のランクは，模倣→功妙化→精密化→分節化→自然化となっている。

　何かを達成できなければ評価は無意味だと考えられがちであるが，目標には達成目標だけでなく向上目標や体験目標もあるので，内容に応じて柔軟な判断を行い，少しの進歩でも喜び合う姿勢が教師には求められる。

6 評価の対象と心理現象

(1) 他者評価・自己評価・相互評価

通常の教育評価は教師が生徒を評価する他者評価である。これは専門性に基づいて評価が行われるというプラスの面をもっているが，自ら学ぶ力を育成するには自己評価も取り入れていく必要がある。自己評価は，内発的動機づけを高め，メタ認知を育成し，学習に対する主体性を涵養することができるからである。授業態度を向上させるための報告カード，学力増進のための答案分析カルテなど，さまざまな手法が開発されている。その他に，学習者どうしの相互評価という方法がある。優れた作品に投票する方法などはこれに該当するが，友人の酷評に傷つく事例もあるので，運用にあたっては細かい配慮が必要になる。

(2) 授業評価

生徒に授業を評価させると，それによって授業参加意識が高まる。しかしながら，理想的な授業モデルがある訳ではないので，すべての授業を共通の尺度で評価することには無理があり，個々の授業の良さが生徒に評価できるように，評価の眼識を生徒につけておく必要がある。このことが，学習者の授業活用度を向上させ，学力向上につながっていく。また，教師自身が評価される立場に置かれることで，新しい発見がいろいろある。評価の結果は公開し，改善策が講じられると，生徒の授業参加意識はさらに高まる。

(3) 評価をめぐるさまざまな心理現象

① 光背効果　人物評価をするときに，特定の側面が優れているとすべての側面をプラスに評価し，特定の側面が酷いとすべてを悪く評価しがちな特性が，人間にはある。成績が良い生徒の日常行動を，実際以上によく判断してしまったり，一度問題を起こした生徒を，色眼鏡で見ないような注意が必要だ。

② 寛大効果　同じく人物評価をするときに，好ましい特性は高く評価し，好ましくない特性については目をつぶる傾向も，人間にはある。これを肝に銘じておかないと，相性の良い生徒の問題点を見逃してしまうことになる。「うちの子に限って」という親の発言は，この効果が極端に現れたものといえる。

③ ピグマリオン効果　相手に対して無意識の期待をもつと，知らない間に

それが伝わり，相手に期待に添うような変化を誘発するという。ローゼンタール（Rosenthal, R.）らは，教師の期待で児童の IQ が上昇した例を報告している。注意せねばならないのは，マイナスの期待でもこの現象が指摘されているので，習得困難が予想されそうなときでも，肯定的な予想をもって生徒と接する必要がある点である。このように教師の期待効果は，微妙な問題である。低い評定値自体が「私は，教師から見捨てられた」という印象を与えかねないので，低い評定値はその時以前の結果であり，次の学習時の失敗予測ではないということを，生徒に説得する必要がある場合もあると理解しておくべきだろう。

④ **中心化傾向** 人は，測定を何回も行っているとそのうちに判断の基準となる点が形成されてくる。そしてその位置は，接した対象のばらつきのほぼ中心あたりに生ずることがわかっている。教師は，たくさんの生徒に接しているうちに，優秀さの度合いが判断できるようになるが，どうしても接した範囲の生徒で基準を形成してしまう。したがって，優秀児に多く接している教師と不振児に多く接している教師では，同一の生徒の学力の判定にも差が出やすい。

⑤ **天井効果** 試験問題が簡単すぎると平均が満点に近くなり，上位者の習得差異が判別できないのが天井効果である。これに対し問題が難しすぎると下位者の差異が判別できない床効果が出る。これらは問題不適切のサインである。

⑥ **減点主義** 完璧であることを当然と考えて，良くないところを減点しながら評価する考え方。教師がこの立場を取ると，ミスが許されなくなり，失敗から学ぶ姿勢が養われなくなる。さらに意欲的になればなるほど無難さが重視され，独創性を発揮することができなくなる。要求水準の高さと混同されやすい。

⑦ **テスト期待効果** テストの出題形式は学習に影響を与える。たとえば，空所補充より記述式問題の方が，学習者は体系的で精緻な学習をしやすい（村山 航 2006 教育評価 鹿毛雅治編 教育心理学 朝倉書店）。

⑧ **裏のメッセージ** ⑦のことは，出題傾向自体が，有意味学習をすべきか，応用練習をすべきか，日常の問題と関連づけるべきかといったメッセージを，裏で発信してしまっているということを，意味する。したがって，好ましい学習行動が起きるような出題を積極的に心がけていくべきであろう。

7 テストの実施法

(1) 評価基準の予告

学年または学期の初めに学習者にルーブリックを明示することは，学習者の意欲や授業態度を向上させるのに有効である。ただし，パフォーマンス評価の基準を表面的な行動基準（挙手の回数など）だけにすると，教師の好む演技行動ばかり増えて学習が深まらないことがある。

(2) ペーパーテストの実施法

次に効果的実施のための着眼点を列挙する。

① 問題作成法　配点は，試験範囲に含まれる項目の重要度を反映している必要があり，解答欄のレイアウトを工夫すれば，事後に答案から瞬時に学習者の問題点が把握できる。また，問題に占める客観テストの比率や，記述式問題の比率は，学習者の試験準備行動や，ひいては平常時の自己学習行動に影響を与えるので，安易に採点の簡便性のみを重視せぬように注意して問題をつくる。

② 試験実施法と不正行為　試験会場での座席配置，問題用紙の配付方法，試験監督の監視方法，解答用紙の回収方法は，受験者の取り組み姿勢に影響し，さらに不正行為の発生にも影響してくるので，厳正に行われる必要がある。

③ 受験行動の観察　受験者の解答終了後の行動（見直しをするか，突伏して寝るか等）は習得意欲の反映であることが多いので，重要な評価材料になる。

(3) 事後処理

テストの終了時には，正解答と採点基準がすぐに告げられることが望ましい。さらに，答案を返却した時に生徒自身が答案分析を行い，その答案から準備方法や解答方法の適切性に関して教訓を読み取れるようにしておくと，メタ認知の育成に役立つ。答案の自己診断に基づいて，学習者が今後の学習方針を熟考し，それを三者面談などで教師や保護者に対して表明していくようにすれば，学習に対する主体的な取り組み姿勢を醸成するのに役立つ。このような事後処理がなされないと，学習者の自己評価による意欲の向上が起きにくい。したがって，コンピュータ診断の成績表は，学習者に活用されないことが多い。

むしろ学習者自身が，答案分析により引き出した教訓をノートに書き出し，

分野ごとに分類してポートフォリオに加えていって機会あるごとに参照すると，診断を活用する意欲が高まるので，事務処理は学習者に是非体験させたいものである。

【藤澤　伸介】

2　個に応じた学習指導

1　ATI（適性処遇交互作用）

　クロンバック（Cronbach, L.J.）は，教育効果に関する知見を深めるための概念的枠組みとして，ATI（適性処遇交互作用，aptitude treatment interaction）を提唱した。そして，学習者の能力やパーソナリティなどの「適性」と，指導方法や学習環境あるいは教師の特徴などの「処遇」との組み合わせにより，教育効果を理解することの意義を論じた。

　教育実践の場において，ATIは，個に応じた学習指導の重要性を語るための重要なキーワードとなっている。なぜならば，この概念に基づく学習指導観は，すべての学習者に等しく有効な指導方法があるという見解に疑問を投じ，個々の学習者の「適性」に合致した「処遇」が与えられたときに，高い教育効果が期待できるという見方を支持しているからである。

　ところで，適性という概念について突き詰めて考えるならば，ひとりひとりの学習者には，それぞれに異なった適性があるとみなすことができる。しかしながら，1人の教師が多数の学習者と同時に向き合う学校という環境では，ひとりひとりの学習者の適性に合った教育上の処遇を個別的に行うことは，きわめて困難なのが現実である。

　そこで，ATIを踏まえた教育を，学校のような学習者集団を対象とした環境で現実的にすすめるためには，学習者たちの適性を限定的に取り上げ，その適性をもとに学習者たちを類型化してクラス分けを行い，各類型の学習者たちに適した処遇をするという手続きが考えられる。ただし，この手続きにおいても，適切な実践をするにあたっては，難しい課題が待ち受けている。まず，学

習者たちのどういった適性を取り上げていくのか，またその適性に基づく学習者たちの類型化をどのように行うのかについて，的確に判断しなければならない。ならびに，各類型に相当する学習者たちへの具体的な処遇のあり方については，単元内容や教材等を踏まえながら，十分に検討していかなければならない。ところがその一方で，これらを円滑に遂行するに足る学術的知見は，十分に蓄積されているとは言いがたいというのが現状である。

もし，教師がひとりひとりの学習者と向き合う機会と時間が十分に確保できる教育環境であれば，学習者の適性を考慮に入れた教師の工夫により，個に応じた指導は実現しやすくなるだろう。たとえば現状の教育実践の場でも，低学力の子どもに対する補償的な個別指導や，特別支援教育の一環としての個別教育計画（individualized education program: IEP）に基づく実践では，ATIの概念を踏まえることにより，現実的な成果を期待することができる。

2　プログラム学習

プログラム学習（programmed learning, programmed instruction: PI）とは，学習内容を系統的ならびに論理的に構築した教材を活用して，ひとりひとりの学習者の効率的な学びを支援する仕組みをさす。プログラム学習の理論的な支柱となっているのは，スキナー（Skinner, B.F.）が主唱したオペラント条件づけである。オペラント条件づけとは，学習者の自発的な行動の後に，外的な報酬あるいは罰を提示することで，その行動の自発性の頻度を高めたり（強化），低めたり（消去）する手続きをさす。

スキナーは1953年に，子どもの授業参観の際にいだいた問題意識をきっかけに，学習者に算数の問題を提示し，学習者の反応が正答であればライトがつくというシンプルなティーチング・マシンを作成した。その後，1920年代からティーチング・マシンの開発をしていたプレッシー（Pressey, S.L.）との交流を経て，自らのティーチング・マシンの理論的な位置づけを明確にしていくのである。

スキナーのティーチング・マシンにおける学習内容は，先述のオペラント条

表5.4 スキナー（Skinner, B.F.）が例示したティーチング・マシン用のプログラム

1	manufacture には，「つくる（make）」あるいは「建てる（build）」という意味があります。 用例：Chair factories manufacture chairs. まずはこの単語を，下に書き写しましょう。 □□□□□□□□□□□
2	この単語の一部は，factory の単語の一部と似ているところがありますね。どちらも，「つくる（make）」あるいは「建てる（build）」を意味する古いことばが，語源になっているのです。 manu □□□□ ure
3	この単語の一部は，manual の単語の一部と似ているところがありますね。どちらも，「手（hand）」を表す古いことばが，語源になっているのです。これまで，たくさんのものが，手でつくられてきたのですよ。 □□□□ facture
4	同じ文字が，空いたスペースに入りますね。 m □ nuf □ cture
5	同じ文字が，空いたスペースに入りますね。 man □ fact □ re
6	Chair factories □□□□□□□□□□□ chairs.

（出所：Skinner, B.F. 1958 Teaching machines. *Science*, 128）

件づけの原理を利用したシェイピングの手続きにならい，複数の問題が系統的に配列されており，これがプログラム学習の原型として知られている。具体的には，学習内容は表5.4のようなプログラムとして用意されており，各問題に学習者が解答しながら，最終的に高次の学習目標に到達するようになっている。

プログラム学習の基本的原理を要約するならば，以下のようにまとめられる。

① スモール・ステップの原理：最終目標にいたるまでの複雑な学習内容は，できるだけ小さなステップに分けられた複数の問題として学習者に提示する。またこうした問題は，計画的に配列していく必要がある。

② 積極的反応の原理：問題の形式は，多肢選択から解答を選ばせるようなものにするのではなく，学習者が解答を積極的につくり出すような形式にする。つまり，学習者に対して，再認ではなく再生で反応を求める。

③ 即時フィードバックの原理：学習者の解答に対して即座に，正反応あるいは誤反応であったという情報を提供して，学習者の反応を強化あるいは

消去する。こうすることにより，学習者の関心をひきつけながら，正反応を効果的に形成させる。

④ 学習者ペースの原理：個々の学習者が，自分たちのペースで学習をすすめることができるようにする。すなわち個人差に合わせた学習機会を提供する。

⑤ 学習者検証の原理：ほとんどの学習者が共通して誤反応をするような問題があれば，その問題を訂正したり，問題の順序を変えたりすることで，プログラムの改善を行う。

スキナーのプログラムでは，一直線で最終目標をめざすというかたちが用いられている。これに対して，学習者の解答の違いに応じて，取り組ませる問題のコースを複数用意しておくというプログラムもある。前者を直線型プログラムと呼ぶのに対し，後者を分岐型（枝分かれ型）プログラムと呼んで区別する。

これまでプログラム学習の考え方をもとに，ティーチング・マシンといった装置を利用することにかぎらず，教本というかたちでも，英語や数学などの教科，その他さまざまな学習内容の教材が多数出版されてきた。また，CAI (Computer Assisted Instruction) と呼ばれるコンピュータを利用した教育や，さらにはインターネットの発達に伴い，e-learning という概念に基づく教育システムでも，プログラム学習の原理をふまえた学習教材の研究や開発が進められてきた。

一方，プログラム学習の限界も指摘できる。この学習方法では，知識の習得といった課題への支援には効果が期待できるものの，ものごとの多様な考え方に触れながら，学習者の思考を深めることの支援にはつながらない。言いかえるならば，人間の学習内容のすべてが，スモール・ステップで系統的にプログラムすることにかなうとは言いがたいのである。よって，学校教育におけるプログラム学習の適用にあたっては，その長所を生かしながら，個別の学習支援の機会などで，部分的に取り入れることが現実的である。

3 習熟度別指導

　習熟度別指導という概念は，英語の ability grouping とほぼ同じ内容をさしており，学習者の能力・学力などに応じたクラス編成を行う指導形態を総称している。習熟度別指導のクラス編成のあり方は，大きくは4つに分類することができる。能力に基づいて学習者を別々のクラスあるいは学校に分けるストリーミング（トラッキング），ストリーミングほどの厳密な序列はないが，能力に応じて学習者を何段階かのコースに分けて，各コース内では序列のない下位クラスを設けるバンディング，教科ごとに能力別のクラス編成を行うセッティング，ひとつのクラスのなかで学習者を複数グループに分けるクラス内能力別グループ編成である。

　習熟度別指導に関して，現状の日本の学校教育の場においては，おおむね肯定的な見方が示される傾向がある。たとえば，中央教育審議会初等中等教育分科会教育課程部会（第6回：2003年7月28日）では，習熟度別指導に対する小中学校の校長・教員を対象とした意識調査の結果が報告されている。そして，習熟度別指導を通じて，「児童生徒一人一人に応じたきめ細やかな指導が可能である」ならびに「それぞれの児童生徒が自分の理解や習熟の程度に合った問題に取り組めるので達成感が持てる」といういずれの質問に対しても，小学校，中学校ともに70％以上が肯定的な回答を示している。

　しかしながら，日本の学校現場における印象とは対照的に，実証的な研究を踏まえた国内外の研究者からは，習熟度別指導の教育的効果については，否定的な見解が示されている。たとえばアイルソン (Ireson, J.) とハラム (Hallam, S.) によれば，イギリスでは，20世紀前半の初等学校，中等学校において，ストリーミングが一般的であったものの，学習者の成績に肯定的に働くといった決定的な証拠はなく，1950年代以降，その効果については次第に疑問視されはじめていたと指摘している。そして，むしろ学習者における学業達成，学校に対する態度などに否定的な影響が指摘され，とりわけ能力が下位のクラスの学習者においては，自尊感情の低下や社会的疎外を招いてしまうとまとめている。また，佐藤学は，主にアメリカでの習熟度別指導の調査研究を踏まえつつ，そ

の効果についてまとめている。そして習熟度別指導では，上位の一部の学習者に限っては，適切な教育が行われた場合のみ有効性があるものの，中位や下位の学習者たちは，低次元の学びに押しとどめられ，全体としての学力格差は拡大し，学校全体の学力向上にはつながらないと結論づけている。すなわち，習熟度別指導が学習にもたらす効果については，少なくともこれまでの実証的研究からは支持されていないのである。

習熟度別指導を通じた教育的な効果が期待できる指導内容は，きわめて限定的であるとされ，たとえば基礎的な知識・技能を高めるといったものに限られると考えられる。また，単に習熟度別のクラスに学習者を分けるだけにとどまり，授業が進めやすいという感覚に教師たちが身を委ねるのみでは，教育効果はほとんど期待できない。むしろ，ATIの概念に内包された考え方を踏まえ，学習者の能力に十分留意して，綿密な計画に沿った適切な指導方法を遂行することが要求される。いずれにせよ，教育の場において，習熟度別指導を導入する際には，教育効果に関する教師自身の主観に基づく肯定的印象にとらわれることなく，慎重な姿勢をもちながらすすめることが肝要であるといってよい。

4　完全習得学習

ブルーム（Bloom, B.S.）は，キャロル（Carroll, J.B.）が「学校学習のモデル」で示した考えをもとに，完全習得学習（mastery learning）の理論を提唱した。そして1960年代の後半より，この理論に基づく実践的，実証的研究の取り組みが進められた。完全習得学習の理論では，教師が授業の種類と質や学習時間量を，個々の学習者の特性に適合するように調整するならば，大部分の学習者は，所定の教科を習得して，高い水準の学力に達成するという考え方を基本としている。そのため，完全習得学習に関する主たる研究課題は，すべての学習者に欠かすことのできない到達水準を明確にしたうえで，能力や適性の異なる学習者たちのほとんどが，その水準に到達できる指導方法を明らかにすることである。

梶田叡一は，ブルームが強調した完全習得学習を実現するためのストラテジ

一（方略）について，以下のようにまとめている。
① 通常の集団学習的一斉指導を行いながら，適当な時点において診断的な目的をもったテストを実施する。
② このテストの結果に基づいて，学習者個人の目標到達状況に即した治療的指導を行う。

すなわち，完全習得学習の教育実践への導入には，教育目標を明確にすることと，目標の達成度を知るためのテストを開発することが，重要な課題であることがわかる。そしてブルームは，いずれの課題に対しても，具体的な枠組みを示す中心的な役割を果たしてきた。前者は教育目標の分類学（タキソノミー，第5章1節参照）で，後者は形成的評価の概念に基づくテストの提案である。

学習者に対する評価について，ブルームは，教育活動の開始前に行う診断的評価，活動途上で行う形成的評価，終了時に行う総括的評価に分類している。このうち形成的評価は，完全習得学習の実現に向けて重要な役割を果たすものと位置づけられている。完全習得学習の具体的な実践では，形成的評価を有効に行うために，先のタキソノミーを活用しながら，表5.5のような目標細目表が単元ごとにつくられる。これをもとに，形成的テストの項目を作成し，そのテストを学習者に実施するといった手続きがとられる。テストの結果については，形成的評価の主たる特徴ともいえるが，学習者の成績をつけることに活用するのではなく，個々の学習者の目標到達状況を把握し，そのうえで個々の学習上の問題を把握し，学習の矯正や指導のために生かしていく。同時に，指導方法あるいはカリキュラムの問題点を把握し，その改善にも活用するのである。

完全習得学習の理論にそった，教育実践の効果についての研究も行われてきた。キム（Kim, H.）は，韓国の中学校を対象に，数学と英語の授業での実験を行った。そして，学習内容の完全習得を果たした生徒の割合が，一般の学級集団で50％未満であったのに対して，完全習得学習の理論に基づく授業が行われた学級集団においては70％以上であったことを報告している。

表 5.5 「化学」における目標細目表の例

A 用語の知識	B 事実の知識	C 法則性と原理の知識	D 手続きとプロセスを利用する技能	E 変換する能力	F 応用する能力
原子 ①		ボイルの法則 ⑫			
分子 ②		気体の属性 ⑬			
元素 ③				物質の図形的表示	
化合物 ④		原子理論 ⑯		㉒	
					実験状況に適合する
2価の気体 ⑤	2価原子 ⑪			化合物の化学式的表示	式を書いて解く
化学式 ⑥		化学式 ⑲		㉑	㉘
アボガドロ数 ⑦		アボガドロの仮説 ⑭			㉓
モル ⑧		ゲイ・ルサックの法則 ⑮			㉔
		グラムをモルになおす ⑱			㉕
					㉖
		分子量 ⑰	分子量 ⑳		㉗
原子量 ⑨					㉙
分子量 ⑩					

(出所:Bloom, B.S., Hasiting, J.T. & Madaus, G.F. 1971 *Handbook on formative and summative evaluation of student learning.* 梶田叡一・渋谷憲一・藤田恵璽訳 1973 教育評価法ハンドブック──教科学習の形成的評価と総括的評価── 第一法規)

5 オープン・エデュケーション

イギリスでは,オープン・エデュケーション(open education)という概念が,1967年に中央教育審議会が発表した「ブラウデン報告書」において取り上げられた。それ以降,従来の学校の建築,施設の構造とは異なり,教室の壁や扉を取り払った「オープン・プラン」の学校が急速に広がっていった。アメリカおよび日本においては,イギリスのこうした動向を参照しつつも,オープン・エデュケーションに類するこれまでの各国独自の研究・実践の流れを汲んだ,具体的な取り組みが進められてきた。

元来,オープン・エデュケーションとは,既存の制度や考え方にとらわれない学校教育のあり方をめざした具体的な取り組みを総称したものである。このことから,種々のオープン・エデュケーションの取り組みが,特定の方向性をもった,共通した理論的枠組みを拠り所としているわけではない。ならびに,オープン・エデュケーションという概念に対しても,明確な定義がされている

わけではない。

　もっとも，これまでの国内外でのオープン・エデュケーションの取り組みには，結果として共通した特色があることも指摘されてきた。平野朝久は，スティーヴンス（Stephens, L.）などがオープン・エデュケーションの特色としてあげた内容を踏まえながら，「従来からあるさまざまな形式にこだわらず，子どもを能動的な学習者として認識し，尊重することを基盤として，子どもひとりひとりを大切にし，その子どもが主体的に学習するのを援助すること」とまと

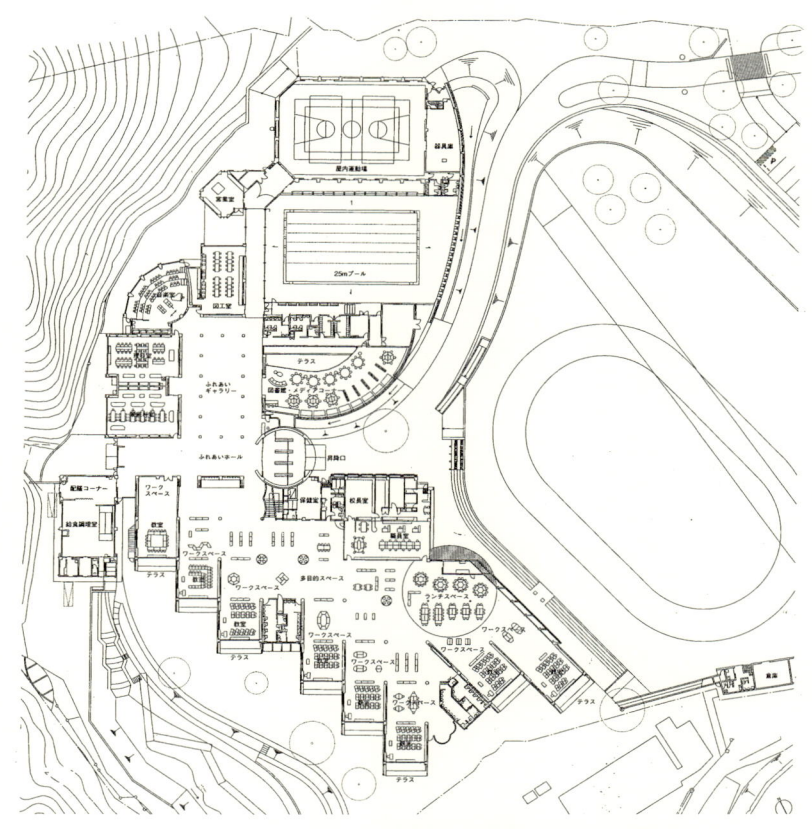

図 5.1　オープン・スクール（瀬戸市立品野台小学校）の平面図
（出所：瀬戸市品野台小学校　2006「オープン教育」を実現させる平屋の校舎新建築，81（4 別冊）より抜粋）

めている。

　ところで，教室の壁や扉のないオープン・スペースをもつ学校建築は，オープン・エデュケーションの象徴であると，しばしばとらえられてきた。しかし，こうした建造物の存在は，オープン・エデュケーションを実現するために不可欠というわけではなく，逆にオープン・スペースをもつ学校だからといって，オープン・エデュケーションが即座に成立するというわけでもない。オープン・スペースの建造物は，オープン・エデュケーションという教育観を実現するための，多様なリソースのうちのひとつにすぎないとみなすのが妥当な見方だといえる。もっとも，オープン・スペースの建築物が，オープン・エデュケーションを推進する基幹的な役割を果たしていることはたしかである。日本においても，図 5.1 のようなオープン・スペースを有する学校を中心に，既存のカリキュラムの根本的な見直しや，学習者の主体性を育む授業内容の改革に着手する動きがみられてきた。

　オープン・エデュケーションの基本的な考え方を，学校のなかで具現化していくために，学校経営の立場にある人物ならびにそこに所属する教師たちは，何よりも既存の教育的な枠組みにとらわれない姿勢が問われる。そして，主体的な学習を支援するための構想について能動的に提案し，それを実現するための方法を開発し，実践する果敢さが求められるといえる。

【西口　利文】

３　主体的学びの授業

　これまで，多くの授業方法が提案され実践されている。そのなかのあるものは，ひとつの時代が終わると教室から消えていく。そしてまた，別の方法が提案され人気を集めていく。しかし，さらに時代が移ると，忘れられていた授業方法が再評価されてくることがある。かつての授業方法が掘り起こされ，新しい時代の要請にあうようにアレンジされ再登場してくる。授業改善の歴史はその繰り返しである。

授業は，教師主導型授業と学習者中心型授業に大別できる。これまでに，教師主導型授業から学習者中心型授業に転換していくべきだという主張が何度も繰り返されてきた。さらに，いくつかの学習者中心型授業が提案され実践されてきた。本節では，学習者中心型授業として，プロジェクト法，発見学習，有意味受容学習，協同学習を取り上げ，概説していく。これらの授業方法も長い歴史をもち，それぞれの時代の要求に応じてさまざまなバリエーションが考案され実践されてきた。

1 プロジェクト法

プロジェクト法（project method）は，キルパトリック（Kilpatrick, W.H.）によって提案された。プロジェクトとは，学習者がやりがいのある目標を設定し，その目標を達成するための計画を立て，全力で実行していく，一連の活動のことである。

プロジェクト法は，学習者中心型の授業方法として，1920年代にわが国にも紹介された。さらに「構案法」等の名称で実践もされた。プロジェクト法をわが国の教育に取り入れていくための努力はいろいろなされたが，教育に対する統制が強まっていく時代のなかで，この方法を普及・発展させることは困難であった。

しかしプロジェクト法は，最近になって再評価され始めている。また「プロジェクト学習」等の名前で，新しい実践が提案されるようにもなってきた。プロジェクト学習では，どのような目標（ゴール・目的）をどのように設定するか，ということが大切になる。鈴木敏恵は，プロジェクト学習の進め方をわかりやすく解説している。そのなかで鈴木は，図5.2を用いて「テーマとゴールのたて方」を説明している。

鈴木の方法では，「地域・私たちの街」のような大きなテーマをまず設定する。次に，そのテーマから「ビジョン」と「ミッション」を取り出させる。ビジョンとは「～したいなー」という，夢や願いのことである。ミッションとは「～のために～にしよう！」のような「使命感や自らすすんで行う任務」のことで

ある。図 5.2 のようにビジョンやミッションを整理したら、それをもとに「ゴール」を具体化していく。図の例では「お店や公園がわかる"バリアフリーマップ"を作成する」ことが、具体的ゴールになる。具体的ゴールが決まったら、子どもたちがゴール達成のための活動に全力で取り組んでいけるよう、教師は支援していく。これが鈴木の提案する「プロジェクト学習」である。最近は、このほかにもさまざまなプロジェクト学習が提案されている。

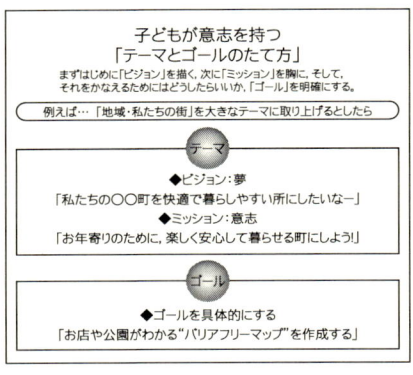

図 5.2 プロジェクト学習におけるテーマとゴール
（出所：鈴木敏恵 2002 これじゃいけなかったの!? 総合的な学習 学習研究社）

2 発見学習

一般的に、科学者が研究を進めていく時、まずさまざまなデータや知識を分析する。科学者は、分析をもとにして、こうしたらこうなるだろうという仮説を立てる。そして実験などで仮説を検証し、新しい知識を発見していく。

学習者が、このような発見のプロセスをたどりながら知識を習得していく方法が発見学習である。発見学習では知識を習得するだけではなく、発見の方法や考え方も学ぶことができる。また、内発的動機が喚起されるので楽しく学べるという長所もある。

発見学習は、1960年代以降、ブルーナー（Bruner, J.S.）らによって積極的に唱導された学習者中心型の授業方法である。しかしブルーナー以前にも、発見学習のような授業方法は提案されていた。たとえば、コメニウス（Comenius, J.A.）やルソー（Rousseau, J.J.）などの理論にも発見学習の原型となるものが組み込まれている。発見学習も長い実践の歴史をもっており、さまざまな授業様式が提案されてきている。そのため「これが発見学習だ」という固定的な授業様式は

表 5.6 発見学習の授業に含まれる「仮説－検証」プロセスの例

1. 鉄を熱したら黒くなった。さらにしらべてみると，いろの変化は表面だけで，内部は変わっていない。なぜだろう。
2. (a) すすがついたのだろう。
   (b) 熱でこげて黒くなったのだろう。
   (c) もとの鉄とは別のものになったのだろう。
3. a, b, c の仮説のたしかめ方を考える。
   (a) ならば―こすればとれるだろう。
   (b) ならば―もっと強く熱したら中もこげるだろう。
   (c) ならば―電導性がちがうだろう。
4. 実験によって，仮説 a, b をチェックアウトしていく。そして質的変化という仮説 c を確認する。
5. より高次な仮説にまとめてみる。「鉄は空気と熱によってもとのものとは質のちがった黒いものに変わるのではないか。」

(以下，さらに仮説―検証を繰り返し，最終的に「鉄は熱せられると空気と反応して黒さびになる」という知識に到達していく。)

(水越　1977　発見学習入門　明治図書を参考にしてまとめた)

ない。ただし発見学習では，授業のなかに「仮説―検証」のプロセスが含まれるのが一般的である。たとえば水越敏行らが提案する「金属のさび」単元の発見学習には，表 5.6 のような「仮説―検証」プロセスが含まれている。

　私たちが学んでいる科学的知識は，多くの科学者が長い時間をかけて発見してきたものである。したがって限られた授業時間内で，学習者が原発見のプロセスをそのままたどるのは不可能なことである。このため発見学習の授業では，学習者が発見のプロセスを短時間でたどれるように，また，あたかも自分たちの力でたどったかのように導いていく必要がある。実際の発見学習の授業では「導かれた発見法 (guided discovery)」が使われる。

　発見学習と同様の考え方から出発し，わが国で独自の発展をとげている授業方法に「仮説実験授業」がある。仮説実験授業では図 5.3 のような「授業書」をあらかじめ構成しておき，学習者の発見を導いていく。

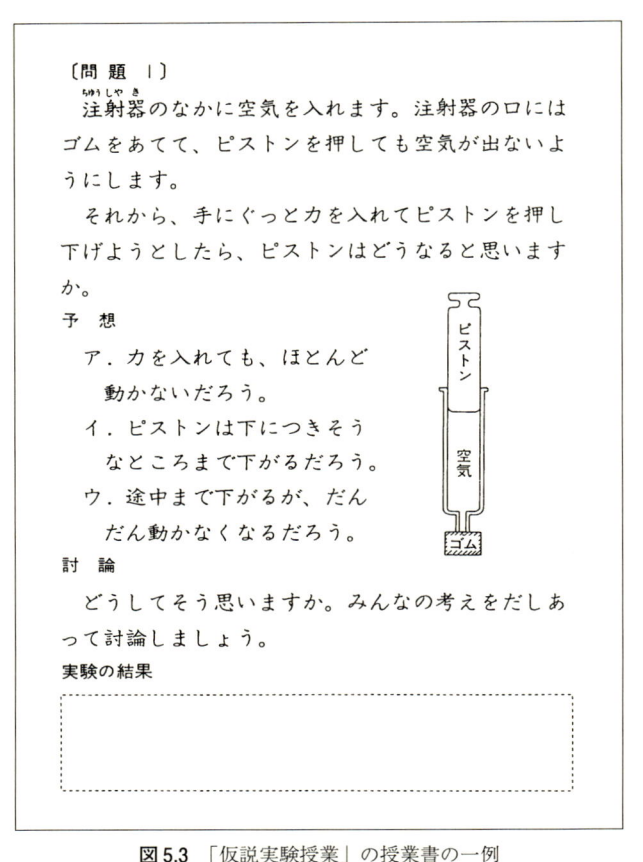

> [問題 1]
> 注射器のなかに空気を入れます。注射器の口にはゴムをあてて、ピストンを押しても空気が出ないようにします。
> それから、手にぐっと力を入れてピストンを押し下げようとしたら、ピストンはどうなると思いますか。
> 予 想
>   ア．力を入れても、ほとんど動かないだろう。
>   イ．ピストンは下につきそうなところまで下がるだろう。
>   ウ．途中まで下がるが、だんだん動かなくなるだろう。
> 討 論
>   どうしてそう思いますか。みんなの考えをだしあって討論しましょう。
> 実験の結果

図5.3　「仮説実験授業」の授業書の一例
（出所：仮説実験授業研究会編　1982　授業書　物性・化学編2　ほるぷ出版）

3　有意味受容学習

　教師が学習内容を説明する。学習者はそれを受け取り覚えていく。これは教師主導型授業の典型である。そこでなされる学習は受容学習と呼ばれる。プロジェクト法や発見学習は，受容学習に対する批判から提案されてきた。

　発見学習では，仮説を考えたり予想の根拠を考えたりする。そのとき学習者は，自分がすでにもっている知識を活発に利用する。学習者は，自分がもって

いる知識と学習材料を関連づけて思考を展開していく。このため，発見された知識は，既有の知識体系に組み込まれやすくなる。

学習材料と自己の既有知識を関連づけることによって，学んでいることの「意味がわかって」くる。学習材料と既有知識を関連づけ有意味化していくプロセスは，学習者自らが行う能動的な活動である。前項でみてきた発見学習は学習者の能動的学習を最も良く引き出す授業方法である。

しかしオースベル（Ausubel, D.P.）は，受容学習でもこのような能動的な学習が可能であると考えた。オースベルによれば受容学習には2つのタイプがある。ひとつは，受容した知識を丸暗記していく機械的受容学習，もうひとつは，既有知識と関連づけていく有意味受容学習である。有意味受容学習は，学習者自身が積極的に意味をつくり出していく学習であり，能動的な活動である，というのがオースベルの主張である。ただし，有意味受容学習を可能にするために

表5.7 先行オーガナイザーと学習材料の一例

先行オーガナイザー
山崩れが起きる仕組みは，私たちがカゼにかかる仕組みとよく似ている。 　第一に，私たちがカゼをひくとき，私たちの外側にカゼのビールスが存在する。このような外側にある原因を「誘因」という。同様に，山崩れも，それを引き起こす何らかの誘因が，まずその山の外側になければならない。 　第二に，私たちの内側にも何らかの原因がなければカゼはひかない。この内側の原因を「素因」という。カゼの素因としては，疲労・栄養不良などがある。同様に，山崩れが起こるために，その山の内側にもしかるべき素因が認められる。 　第三は「免疫性」である。過去に一度カゼにかかったことがあれば，その型のカゼのビールスに対して私たちには免疫ができる。同様に，過去に一度大規模な山崩れを起こしていれば，その山は今後の山崩れに対して免疫性を獲得したといわれる。
学習材料（免疫性に関する部分のみ抜粋）
…キャサリン台風は，赤城山に襲来する以前に，群馬県の手前の埼玉県ですでに秩父山地を襲っていたのである。けれども赤城山の場合とは対照的に秩父山地では山崩れも土石流も起こらなかった。これはどういうことだろうか。…その理由としては，約40年ほど前の…大豪雨があげられるだろう。この時，秩父山地はいたるところで被害にあい…「谷は大きな土石流を押し出し，徹底的に砂レキを吐き出してしまった」ということである。赤城山には，このような以前の災害の記録はないことから，キャサリン台風による大被害を招いたものと思われる。…

（出所：池田進一ほか　1985　先行オーガナイザー研究における実験図式の改善　読書科学　29(2)より抜粋しまとめた）

は，新しい知識（学習材料）を学習者が有意味化できるように援助してやらなければならない。そのためにオースベルは，先行オーガナイザーを呈示することを提唱する。オーガナイザーとは新しい学習材料と既有の知識体系を関連づけ，統合するのに役立つ情報であり，多くは学習に先行して呈示される。具体例を表5.7に見てみよう。

この材料を学習するとき，学習者はまず先行オーガナイザーを読む。そのことにより「カゼ」という，学習者にとってなじみの深い知識体系が呼びだされる。これにより，学習材料に書かれてある「山崩れ」に関する新しい知識を有意味化するための文脈が用意される。「山崩れ」と「カゼ」と関連づけることにより，学習材料は理解しやすいものになる。また，誘因・素因・免疫性という高度に抽象化された情報は，学習材料に含まれる細かな情報をつなぎとめておく係留観念（anchoring idea）として役立つ。このようにオーガナイザーは抽象性・一般性が高いものであり学習材料の単なる要約や梗概とは異なる。これはオースベルがとくに強調する点でもある。

川上昭吾らは，有意味受容学習を導入した理科の授業を提案している。川上らは，学習指導要領の「内容」の記述を先行オーガナイザーとして活用している。学習指導要領は，各学年ごとに「1 目標」「2 内容」「3 内容の取扱い」の順で解説している。このうち「内容」では表5.8のような記述がなされている。

「内容」の記述には，学習材料の内容を抽象的・一般的にまとめたものが多い。このような，抽象性・一般性が高い記述は，学習材料と既有知識を関連づけたり，学習材料と学習材料を関連づけたりするための先行オーガナイザーとして活用できる。川上らの実践は，ひとつの試みとして参考になる。

表5.8 学習指導要領「内容」の記述例

ア　昆虫の育ち方には一定の順序があり，その体は頭，胸及び腹からできていること。 イ　植物の育ち方には一定の順序があり，その体は根，茎及び葉からできていること。

4 協同学習

「協同という能力は、われわれ人類の生存に重要な役割を果たしてきた。」(Johnson, D.W.)。このため、協同能力を活用した授業や、協同能力を育成する授業が、これまで数多く提案されてきた。ここではそのなかから「バズ学習」「ジグソー学習」「LTD話し合い学習」を取り上げる。

(1) バズ学習

バズ学習は、塩田芳久によって提唱された日本生まれの学習指導法である。集団討議法のひとつであるバズセッションを授業に導入してることからバズ学習と呼ばれている。バズ (buzz) とは、羽虫がブンブンいう状態を形容する語であり、転じて人がワイワイガヤガヤする様子を現す。バズ学習では通常、2から6人の小集団で自由に話し合いながら学習を進めていく。図5.4は、バズ学習の一般的な授業展開である。

バズ学習は、「学習者全員を学習活動に参加させることが授業の基本である」という考え方に基づき提案されている。授業展開はシンプルであるが、バズ学習は、学力を向上させるだけではなく、学習者間の人間関係を育むことにも成果をあげている。

犬山市は、2001年度から「少人数授業」という、特色ある授業改革を始めた。バズ学習の考え方や方法は、犬山市の少人数授業のなかに発展的に取り入れられている。犬山市の「少人数授業」は、新しい協同学習方式としてさまざまな実践を重ねている。

(2) ジグソー学習

アロンソン (Aronson, E.) らによって提案されたジグソー学習も、よく知られた協同学習法である。ジグソー学習では、学習者は、いくつかの部分に分割さ

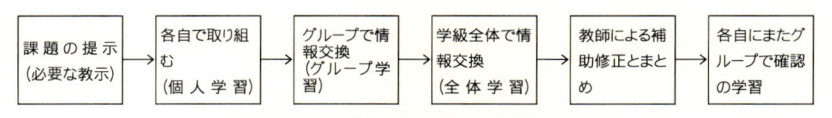

課題の提示(必要な教示) → 各自で取り組む(個人学習) → グループで情報交換(グループ学習) → 学級全体で情報交換(全体学習) → 教師による補助修正とまとめ → 各自にまたグループで確認の学習

図5.4 バズ学習の一般的な授業展開
(出所：塩田芳久他編著 1981 バズ学習における授業改善 黎明書房)

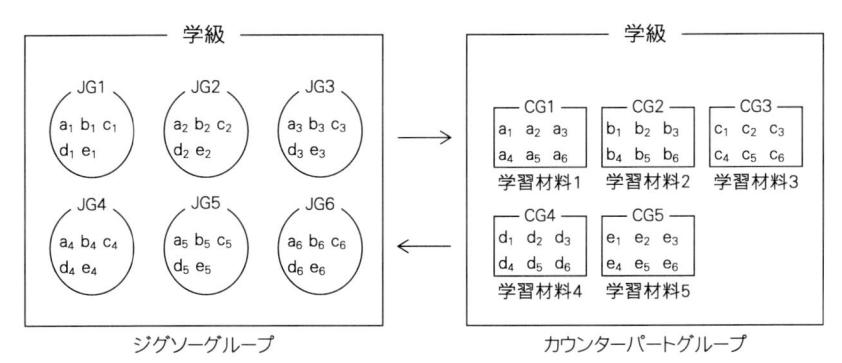

図 5.5 ジグソー学習の展開

（出所：蘭千壽　1980　学級集団の社会心理学—Jigsaw 学習法を中心として　九州大学教育学部紀要（教育心理学部門）25(1)参照）

れた学習材料を分担して学習する。そして，各自が学んだことを持ち寄り，協同で材料全体の学習を進めていく。この方法はジグソーパズルを協同で解いていくやり方に似ているのでジグソー学習と呼ばれている。図 5.5 を参照しながら，ジグソー学習の展開の仕方をみていく。

① 学級集団を数グループに分ける（ジグソーグループ）。
② 学習材料を，ジグソーグループのメンバーの数と同数になるように分割しておく。
③ ジグソーグループから 1 名ずつ集まり，新たなグループをつくる（カウンターパートグループ）。
④ ひとつのカウンターパートグループでは，ひとつの学習材料を分担して学習する（カウンターパートセッション）。
⑤ 学習後，最初のジグソーグループに戻る。各メンバーは，カウンターパートグループで学んできたことを相互に教え合う（ジグソーセッション）。

このようにして学習を進めることにより，学習者ひとりひとりが集団のなかで確実に役割を果たせるようになる。ジグソー学習では，学習者は，それぞれのグループや学級のなかでかけがいのない大切な人になっていく。このため，ジグソー学習は，差別やいじめの解消につながる授業方法として注目されてい

る。わが国では，筒井昌博らが，ジグソー学習を日常の授業に取り入れていくための具体的な手順を紹介している。

(3) LTD 話し合い学習法

LTD 話し合い学習法は，アメリカの社会心理学者ヒル（Hill,W.F.）が 1962 年に提唱したものである。LTD とは Learning Through Discussion の略語である。話し合い学習法は他にもたくさんあるので，それらと区別するために頭に LTD をつけてある。

LTD 話し合い学習法（以下，LTD）では，学習材料として読書課題を用いる。説明的文章が読書課題になることが多い。LTD では，学習者は読書課題についての徹底した予習が求められる。予習事項は表 5.9 のようなステップに分かれている。

学習者は，各ステップごとに十分な予習をし，それをノートにまとめて LTD に臨む。表 5.9 のステップは基本的には LTD の話し合いのステップにも

表5.9 学習指導要領「内容」の記述例

準備ステップ 1	用語や概念の定義 不確かな単語すべてのリストを作成する。辞書で調べその定義をノートに書く。
準備ステップ 2	著者の全体的な主張 著者の全体的な主張を自分の言葉で書く。
準備ステップ 3	主題の選定 文献の中に関連する話題を見つけだす。
準備ステップ 4	主題や関連する話題の討論 各話題の内容を短くまとめて書く。あなたが聞きたい質問を考える。
準備ステップ 5	他の知識と教材との統合 他の概念の理解に対して，教材がもつ意味や有用性を書き留める。ほかのどんなアイディアが教材によって具体化され，矛盾し，展開されるかを示す。
準備ステップ 6	教材の自己への適用 その教材があなたの現在・過去・未来の生活場面にいかに適用されるか，もしくはあなたの知的興味や知的探究にとって，その文脈がどんな意味をもつかを書き留める。
準備ステップ 7	著者の主張の評価 宿題としての読書課題に対するあなたの考えと評価を書く。

（出所：Rabow, J ほか　1994　丸野俊一他訳　1996　討論で学習を深めるには―LTD 話し合い学習法　ナカニシヤ出版）

なっている。LTDでは，各ステップに3-15分の時間が配当されている。学習者たちは，その時間配当にしたがい，自分たちが予習してきたことをもとに，話し合いを進めていく。

　LTDを授業に取り入れることには，どのような効果があるのだろうか。このことを，実際にLTDを体験した学生の感想文に見てみよう。

　　「3回にわたってLTD学習法を実際に行ってみて感じたことは，とても楽しく刺激的で身になる学習だということです。ただ文章を読むだけでは頭に残らない内容が，みんなと討論することで深まりました。そして，自分以外の人の意見を聞くことでの気づきもあり，話し合いを行っていく中で，メンバー同士の絆も深まったように思います。(大学生女子)」

　この感想に見られるように，LTDでは①学習内容の理解が深まり，②メンバー同士の理解も深まり，また，③楽しく学習できる。学習の促進・人間関係の育成・内発的動機の喚起，この3つはLTDのみならず，すべての協同学習に共通する長所である。

　なお，LTDは大学授業の改善方法として提案されることが多いが，小中高の授業でも活用されている。　　　　　　　　　　　　　【鹿内　信善】

参考文献
〔1節〕
藤澤伸介　2002　ごまかし勉強 上―学力低下を助長するシステム―　新曜社
藤澤伸介　2002　ごまかし勉強 下―ほんものの学力を求めて―　新曜社
安藤輝次　2004　絶対評価と連動する発展的な学習　黎明書房
辰野千壽・石田恒好・北尾倫彦監修　2006　教育評価事典　図書文化社
北尾倫彦編　1996　新しい評価値と学習評価　図書文化社
〔2節〕
アイルソン, J.・ハラム, S.　杉江修治・石田裕久・関田一彦・安永悟訳　2006　個に応じた学級集団の編成　ナカニシヤ出版
梶田叡一　1986　ブルーム理論に学ぶ　明治図書
加藤幸次　1987　学校を開く―個性ある子どもを育てるために―　ぎょうせい
加藤幸次監修　全国個性化教育研究連盟編著　2004　学力向上をめざす個に応じた指導の理論　黎明書房

〔3節〕
川上昭吾編著　2003　教えの復権をめざす理科の授業　東洋館出版社
杉江修治編著　2003　子どもの学びを育てる少人数授業—犬山市の提案—　明治図書
筒井昌博編著　1999　ジグソー学習入門—驚異の効果を授業に入れる24例—　明治図書
安永悟　2006　実践・LTD話し合い学習法　ナカニシヤ出版

演習問題

〔1節〕
1　日本における学力論の展開を調べ，まとめよ。
2　教育評価が教育を進めるうえでどのような意義をもつか解説せよ。
3　教育評価実施にあたっての留意点を整理せよ。

〔2節〕
1　個に応じた指導という発想の背景にある学力観はどのようなものであるか考えよ。
2　習熟の程度に応じた指導を効果的にするための工夫を述べよ。
3　オープン・エデュケーションという指導論の幅広い教育可能性についてまとめよ。

〔3節〕
1　学習者主体の授業づくりのための仕掛けを整理して示せ。
2　学習者主体の授業づくりでめざす学力について意見をまとめよ。
3　協同学習で実践されるような，社会的関係のなかで学ぶことの意義を説明せよ。

第6章 人間関係の理解

1 学習集団

1 学習集団の意義

　学級は，子どもがはじめて参加する公的な場である。公的な場には公的な要請がある。子どもは，その公的な要請によってそれに応じたパフォーマンスを発揮していくことで，異質な自己像を発見する。子どもは，学級状況に入ることによって，家庭や幼稚園における自分とは違った異質な自己に出会い，その異質な自己像を経験することが，自己に対する新しい発見を行う契機になる。学級への参加は，他者への気づき，学級社会の発見，別の自己への気づきなどを生じる。このようにして，子どもたちは公的なふるまい方や新しい行動様式を獲得する。

(1) 誰もが経験する学校や学級での「学び」

　誰もが「学校」経験とか「学級」経験とかを振り返ったとき，学級には担任の教師や40名ほどの生徒たちがおり，その学級を拠点として，教師や級友と一緒に勉強したり，学校での行事に参加したり，楽しい給食の時間や休み時間，放課後を過ごしたことを思いだすだろう。そういった経験や学びから，自分の将来の希望や職業イメージをもったり，自分自身についての見方や考え方を獲得したり，生涯の友だちにめぐり会ったりする。

　その一方で，あの学級には行きたくない，あの当時の先生には級友にはできるだけ顔を会わせたくない，思い出したくないという苦い経験をもっている場合もある。これらのネガティブな経験から，自分についてあるいは自分自身の生き方について真剣に自問自答し，ある時は自分に自信をもてず，またある時

は他の人からサポートを受けながら自己変容・自己受容し，自分の将来への希望や職業について積極的な考えをもつにいたる。

(2) 「学び」の考え方の変化

学校が時代に合わない装置になってきたとよく指摘されるが，21世紀の学校教育の目的は何だろうか。21世紀の四半世紀から半ばにかけて社会の中堅として活躍する子どもたちに，どのように成長をとげてもらうことが大人の彼らの成長に対する責務であろうか。今日の学習についての考え方は，ワトソン（Watson, J.B.）による個人を単位とした「勉強」主義の考え方から，レイヴ（Lave, J.）とウェンガー（Wenger, E.）の状況的学習論の影響によって，「学び」とは人と環境との相互作用によって，高度の「知」が相互的に達成されるというように，大きな変化をとげている。

状況的学習論では，学びはコミュニケーションであるといわれている。共同・協同的な集団の相互作用を通じてしか知識や学習は成立しない，という学習観である。学びは個人的行為ではなく，学習対象とのコミュニケーション・級友とのコミュニケーション・自分自身とのコミュニケーションという3つの方向でのコミュニケーションを通じて，成り立っていく社会的行為連関であると考えられている。このことが「新しい学習観」であり，学級集団が学習集団であるといわれるゆえんでもある。

(3) 子どもの自律性の獲得

エリクソン（Erikson, E.H.）のいう児童期において発達目標とされている自律性の獲得についても社会的行為連関の過程において現れてくるといえる。

デカルト（Descartes, R.）以来の「近代的主体」の自律性は，どのような状況においても一貫した行動をとれるという状況的な要素を捨象しうる高度な抽象性に支えられていた（個体的な自律性のひとつの特殊形態であるが）。だが，フーコー（Foucault, M.）による近代的主体やルーマン（Luhmann, N.）の認識論は，どのような場合であれ，社会的行為連関のあり方と関連している。現実に相互作用している他者の観点に立つことで，自分自身の考え方や見方を相対化してとらえることが可能となり，このことが自律性を獲得させることになる。

子どもが他の級友と相互作用するなかで、他の級友の立場に立って自分自身の考え方を反省的にとらえることが可能となり、このことが子どもに自分自身の考え方を相対化させ、自律性を獲得させることになる。

(4) 学習集団の意義

学習集団の意義について、これまでのことから次のように指摘することができる。狩野素朗・田崎敏昭の論を参考にする。

第1に、級友と協力することで教材について学習するための学習集団である。狭義には学習指導要領で定めてある学習目標について学ぶことであるが、広義には自分自身についての考え方や生き方を学習する場でもある。

第2に、特別活動などが行われる自治的、自律的集団である。これはこれらの活動を通して人格的な形成・成長をはかることを目的としている。

第3に、学級では同じ成員によって1年間あるいは2年間という継続的な共同生活を行う生活集団としての役割がある。したがって、教師による生活指導やガイダンスが重要になる。

図6.1のように、学級集団には、学習活動を中心とする学級づくりの場面（上記の意義の第1に対応）と、学校・学級行事活動を中心とする学級づくりの場面（上記の意義の第2, 3に対応）の大きく2つに分けられる場面がある。学習活動を中心として、子どもたちが学びのおもしろさを得ることでみんなで協力して

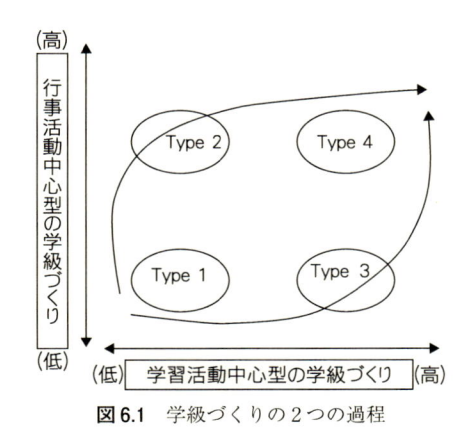

図6.1 学級づくりの2つの過程

学級づくりを行う過程（Type1→Type3→Type4）が考えられる。それとは別に，学校・学級行事活動を行うことでその活動の達成によって満たされ，他の学級とは違う自らの学級意識をもつことで学級づくりを行う過程（Type1→Type2→Type4）がある。

2 ソシオメトリー

　子どもたちがどの学級に所属するかは重要な問題である。しかし，子どもたちは自分自身で所属する学級を選ぶことはできない。同じ学級という場において1年間以上にわたって見知らぬ子どもたち同士が生活し学んでいくのだから，彼らの間の人間関係はいたって重要となる。

(1) ソシオメトリーによる交友関係の調査方法

　子どもたち同士の人間関係を調査する方法として，モレノ（Moreno, J.L.）のソシオメトリー（sociometry）がよく用いられてきた。これは，子どもたちの人間関係を選択（好き，好ましい，いつも一緒にいるなど）と排斥（嫌い，好ましくない，一緒にいたくないなど）に基づいて，人間関係の理論と測定法を開発し，さらに人間関係の改善ないし個人の集団への適応改善をめざす科学体系として提唱されている。

　一般によく用いられてきたソシオメトリック・テストについて簡単に説明すると，このテストは下記のようなやり方で人間関係を調べるものである。

① 選択・排斥の別（選択だけ求めるか。選択も排斥も求めるのか）
② 選択・排斥する数（何人まで求めるのか）
③ 対象となる集団の範囲（対象となる学級を範囲とするのか，男女別にするのか）
④ 選択・排斥の基準（どのような基準や場面をもとに選択・排斥を求めるのか）

　たとえば，「休み時間に友だちと一緒に遊ぶとしたら，あなたはこのクラスのだれと一緒に遊びたいですか。一緒に遊びたいと思う友だちをその順に3名選んでください」と尋ねる。「調査結果はだれにも知らせないので，正直に回答してください」などと，テストを実施する際には，児童生徒にその主旨をよく理解させ，回答にともなう心理的抵抗を和らげ，結果の秘密を厳守すること

に留意しなければならない。

ソシオメトリック・テストを用いた学級の人間関係図について簡単にその結果をまとめたのが，ソシオ・マトリックスといい，それを図示したのがソシオグラムという。

(2) ソシオメトリーを用いた交友関係の理由

ソシオメトリーを用いた田中熊次郎は交友関係の調査より，友だち関係の成立要因として，次の4つの要因をあげている。

① 相互的接近：家が近い，席が近いなどのきっかけで友人関係ができる。
② 同情愛着：なんとなく好き，感じがよいという好感などで友人関係ができる。
③ 尊敬共鳴：相手の能力や人格などの優れている点を尊敬したり，興味関心が一致したりするなどで友人関係ができる。
④ 集団的協同：助け合うことや同一目標の達成のために結びつくなどで友人関係ができる。

(3) ソシオメトリック・テスト以降の学級の人間関係を調べる方法

このソシオメトリーの調査は，1990年代以降，子どもたちへの心理的影響への配慮から，学校現場での実施が減少傾向にある。それで，子どもたちの人間関係を調べる別の方法等が用いられている。学級内の何人かの児童生徒を対象として面接し，「よく一緒に遊んでいる人たち」の名前をあげさせて学級内の仲間集団を同定した後，各集団の形成時期や推移・特徴などを聴取する。それをもとに関係マトリックスを作成し，学級の集団構造を把握する方法である。

3 学級集団の構造

公立学校，私立学校を問わず，3月末に，次年度の学年の学級編成が行われる。学級編成は，今年度のデータや各学級の問題点などが考慮され，男女比や子どものたちの能力や人間関係などにおいて各学級が均等になるように行われるのが一般的である。しかし，こうしたいろいろな点を考慮した学級編成であっても，インフォーマルな（非公式な）子ども同士の人間関係までうまく予想するこ

とはできない。

(1) 学級集団の構造の例

　A 学級には 1 人の強力なボス男子児童がおり，その強力なボス児童にしたがう二番手のボス男子児童数人がそれぞれ学級の他の子どもたちを支配している完全なヒエラルキー構造を示す状況にある。女子は男子のヒエラルキー構造に押さえつけられており，女子児童はいくつかの数人の親密なグループに分かれている状態にある。B 学級は，男子児童は完全に 2 派に分かれ，それぞれのグループに強力なボス児童がおり，対立している。2 派で反目し交流がない状況である。女子児童は全体的にまとまっているわけでなく，数人の親密なグループに分かれている。C 学級は，強力なボス男子児童がいる A，B 学級とは違って，男子児童は全体としてまとまりがなく，それぞれが別個に孤立している状況である。その点，女子は全体としてまとまりがある。

　このように，学級はいろいろな子どもたちの集まりではあるが，ひとつの学級となった場合，学級によって集団構造がそれぞれ異なってくる。この学級集団構造が集団の雰囲気（group atmosphere）やその学級特有のコントロール・ルール（control rule）を創り出すのである。

(2) 学級集団の構造の出現過程

　学級はどのような過程を経て発達していくのだろうか。学級が自然調和的に発達することを前提にした，ハートレイ（Hartley, E. L. & Hartley, R. E.）らの学級集団の形成過程に関する考え方は次の 7 つの過程からなるといわれている。

　① 探り合い（exploration）の状態
　② 同一化（identification）の状態
　③ 集団目標の出現（collective goals）の状態
　④ 集団規準の形成（group norm）の状態
　⑤ 内集団・外集団という態度（in-group, out-group attitude）の獲得状態
　⑥ 集団雰囲気の発生の状態
　⑦ 地位（status）や役割（role）の分化の状態

(3) わが国の学級集団の発達区分の試み

わが国においては，古くから学級集団の発達の区分の試みがある。広田君美は，集団発達の契機をおもに児童の発達水準におき，小学校低学年から高学年にいたるまでを，児童の交遊関係が個人を中心としたヨコのつながりから支配－服従というタテのつながりを経て，部分集団から全体集団への統合という集団の構造次元の変化として示している。これらの研究は，おもにソシオメトリーの結果に基づく集団の非公的な構造化の次元を中心においた段階論であり，学級の構造化は，教師とひとりひとりの生徒，生徒同士が結びつく段階からいくつかの下位集団に分化する段階，さらには下位集団が統合される段階へと発達する，ととらえられる。

4　学級のダイナミックス

(1) 教師の学級づくりと学級の集団化

教師はどのように学級づくりを行うだろうか。ベテラン教師は学級に問題が起こるのを待って，その問題解決の過程で学級づくりを行うというのである。学級づくりの基本戦略は，ひとつは学級に共通の目標をもつことであり，もうひとつは学級の約束ごと（ルールや規範）の形成である。

(2) ミクロ－マクロな相互作用

それでは，教師は，どのように子どもたちにかかわっていくのだろうか。教師は，学級の他の子どもたちに一番影響力のある子どもとかかわることで学級の目標やルールをつくっていく。一番影響力のある子どもたちとのかかわりがうまくいけばいくほど，互いの間の信頼関係を構築し，教師の期待にそった行動や彼らの自発的な行動をとってくれることになる。また，それではうまくいかないということであれば，彼らとの間で学級の目標やルールづくりの調整を行い，どのように修正していけば合意がとりやすいのか話しあう。これが教師と子どものミクロな一次の相互作用であるということができる。

このミクロな相互作用は，他の子どもたちがそれをどう受け入れるのかという二次の影響作用（マクロな相互作用）を引き起こすことになる。教師と一番影

1 学習集団 163

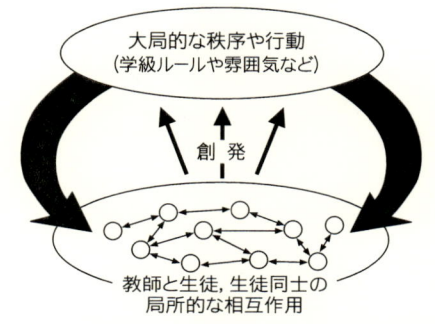

図6.2 学級におけるミクロ―マクロな相互作用
(出所：蘭, 1999 変わる自己変わらない自己 金子書房)

響力のある子どもたちとのかかわりが他の子どもたちにも受け入れられると，その学級では共通の目標やそれをどのように実行していくのかという学級ルールや学級規範がうまく形成されることになる。

　教師は学級のなかでいくつかの仕組みをつくっていく。その時々の課題について能力や意見のある子どもたちとうまくコンタクトをとること，そしてその力や意見を学級の運営のなかで力を発揮させる場をつくっていくことによって，学級のなかに新たな方向性を見いだしている。

　子どもたちは，学級行事等の遂行のために共通目標を話し合い，実践していくなかで，班ごとに協力し合い，各班や学級全体で合意をとる方法などを見いだし，学級ルールを確立することで，学級の一員として行動できるようになることが重要である。こういった学級経営は，ミクロ―マクロな相互作用といったテクニックを用いて，他者（教師や友だち）の学級評価に基づく自己への気づき，学級という公的な場による自己の新たな発見をもたらすのである。（図6.2）

5　構成的エンカウンター

　子ども同士の人間関係をトレーニングするための方法として構成的エンカウンター（structural encounter group）の方法がよく用いられている。この方法について，国分康孝と片野智治の研究を参照しながら紹介しよう。

(1) 構成的エンカウンターとは

　構成的エンカウンターは，心理的に重い問題をもたない普通の子どもたちを対象とし，相互の関係を深め，集団での体験のなかで自己成長をはかることを目的としたグループ活動である。方法は，エクササイズと呼ばれるゲーム的要素をもった演習である。

(2) 構成的エンカウンター・グループの実施の仕方

　このグループ活動は，遊びや集団ゲームではなく，目的をもった活動である。このグループ活動は，エクササイズの選定や実施時期，グループの構成，実施時間などを考慮することが大切である。このグループ活動においては，①メインエクササイズとつながるようなウォーミングアップ（ミニエクササイズ）やそのシェアリングを行っておくことが大事である。つぎに，②メインエクササイズの説明とその実施，シェアリング（リーダーによるシェアリング）を行うことがとても重要である。

(3) 構成的エンカウンター・グループで得られる体験と効果とは

　このグループ経験で得られる体験は，いくつかあげることができる。まず，「いま，ここで」の自分の感情にひたる，なりきる体験を行うことである。そのことを通して「自己理解」する。ついで，本音を出す。それは「自己表出」である。それと，「他者受容」（他者理解）である。人の本音をよく聞き（傾聴演習），受け入れる体験をすることは，実は同時に「自己受容」の体験でもある。このレベルに達すると，自分の価値観や尺度で人を見なくなる。他者から一貫してやさしさをもらう「信頼感」の体験，本音を出しても受け入れてもらえるという安心感が生まれる。最後に，相手の立場を考えつつ自己主張し，自分の考えや感情・行動を受け入れてもらう「役割遂行」の体験である。日常の人間関係を円滑にするスキルの獲得が期待できる。このエクササイズを通して得られる効果は，自分のことが見えて，人間的な成長を促すことができるようになることである。グループのメンバーと心のつながりができ，温かい人間関係が醸成できるのである。

【蘭　千壽】

2 教師−生徒関係

1 教師−生徒関係の特徴

　子どもにとって教師は最も重要な環境のひとつである。小学校では学級担任が中心であり中学校は教科担任になり，子どもへの影響の仕方は異なるが，子どもは教師の影響を強く受けながら育っていくことには間違いない。教室のなかの構成員は，教師という大人ひとりと数十人の子どもということが一般的である。こういうなかでの教師の役割は，教える者としての役割であると同時に，子どもたちの理解者であったり，学級という集団のリーダーでもあることが求められている。

　教師は，あることを意図的に教える役割であるが，意図しないこともまた子どもには影響をおよぼしていく。たとえば，教師が子どもをどのように見ているかという子ども観である。教師が子どもは本来怠け者で，叱咤激励をしないとまったく成長していかないものであるという子ども観をもっていれば，この教師は子どもに対して賞罰を用いることを中心に子どもとかかわっていくであろう。しかし一方，子どもは本来成長しようとしているものであるという子ども観をもっていれば，この教師は子どもがやる気をなくしたときには，それを阻んでいるものを取り除こうと努力するだろう。このように教師のもっている子どもに対する見方が，教師が意識するしないにかかわらず，直接子どもとのかかわりに反映されることになる。

　教師の価値観や考え方が子どもへのかかわり方に反映して，子どもに影響することもある。そのことの一例として，教育目標がある。教育目標は学習指導要領に示してあるが，ただ，それぞれの教師が子どもたちに何を期待するかということは微妙に異なっていることが多い。たとえば，教師によっていわゆる「よい子」のイメージは異なっている。学校教育では一般的には教科教育で成果をあげることが目標として理解されてはいるが，実際には人格形成や社会性の発達なども重要な教育目標となっている。これらをどのようにして達成させるかは基本的には教師に任されている。さらには，同じやり方をしても，教師

によって子どもへの伝わり方が異なることも多い。

　教育目標を達成するための教育力には教師によって違いが出ることがある。そのために教師は日々の研鑽を積むことが求められる。教師が専門職であるかどうかについての議論がなされてきているが，専門職と位置づける理由としては知的な専門教育の必要性や倫理などいくつかの点が指摘されているなかで，教師自身の自己研修力が求められていることをあげる考え方がある。教師は常に自らに自分の教育の考え方ややり方を問い続けていくことが求められているのである。また，教育という営みは，企業などのように生産性を上げるというように目標が明確になっていないだけに，あいまいな点が多い。さらに，その成果もかなり時間がかかるものである。それゆえにこそ，教師の専門職としての自覚が求められるといえる。

2　教師の影響
(1)　リーダーとしての教師の役割

　教師のリーダーシップに最初に着目した研究は，ホワイト（White, R.）とリピット（Lippitt, R.）による古典的な研究である。この研究では，民主的なリーダー，専制的なリーダー，放任的なリーダーのもとで子どもたちにある作業を行わせ，どのリーダーのもとでの作業に成果が上がり，成員間の関係がよくなるかについて研究したものである。結果は民主的なリーダーのもとで作業したグループは，友好的であり信頼的な言動が多くみられ，意欲も高くなるという望ましい結果を生んだ。

　日本では，三隅二不二がPM論というリーダーシップの理論を提唱している。この考え方は，リーダーシップには課題を達成することを推し進めようとするP機能（課題達成機能，Performance）と，作業などをいっしょに行っている集団の雰囲気を和ませたり集団を維持したりするようなM機能（集団維持機能，Maintenance）とがあると考える。そしてP機能もM機能も高いリーダーをPM型リーダー，P機能は高いがM機能は低いリーダーをP型リーダー，M機能は高いがP機能は低いリーダーをM型リーダー，P機能もM機能も低いリー

ダーを pm 型リーダーとして分類し，それぞれのリーダーのもとでの作業能率や成員の意欲などにどう影響するかを研究している．その結果は PM 型のリーダーのもとで作業している集団において，作業成績が上がったり，成員間の関係がよくなったり，成員の士気が高くなるという結果を得ている．

佐藤静一・篠原弘章は，子どもが教師のリーダーシップをどう認知しているかをみるために，小学生を対象にして，表6.1 に示したような P 項目と M 項目それぞれ 10 項目に答えてもらい，その結果から P 項目への反応の高低，M 項目への反応の高低によって教師を PM 型，P 型，M 型，pm 型を基本とした分類を行った．その分類と学級意識（参加度，誇り，凝集性など）や学級雰囲気（参加的雰囲気，親和的雰囲気など）との関連を検討したところ，P 機能も M 機能も

表6.1　教師の PM 機能測定項目

P機能に関する質問項目	M機能に関する質問項目
P-1　あなたの先生は，そうじや日直の仕事ぶりがわるい場合，しかったりされることがありますか． P-2　あなたの先生は，きそくやきまりをまもるようにやかましくいわれますか． P-3　あなたの先生は，宿題を出されますか． P-4　あなたの先生は，勉強（予習，復習）をしっかりやるようにやかましくいわれますか． P-5　あなたの先生は，せいせきのことで，他のクラスの人達にくらべ「できない」「だめだ」などといわれますか． P-6　クラスで何かを決めたり，話し合いをするようなとき，あなたの先生は自分の意見をいわれますか． P-7　あなたの先生は「あれはいけない」「これはいけない」などといわれますか． P-8　あなたの先生は，勉強にきびしいですか． P-9　あなたの先生は，授業中きびしく教えられますか．	M-1　あなたの先生は，ほめたり，勇気づけたりしてくださいますか． M-2　あなたの先生は，なにか困ったことがあるとき，相談にのってくださいますか． M-3　あなたがわるいことや，けんかをしたとき，あなたの先生は，そのことについてみんなで話し合いをされますか． M-4　あなたの先生は，あなたの気持ちをわかってくださいますか． M-5　あなたの先生に，気やすく話しかけることができますか． M-6　あなたの先生は，いろいろなことを決めるとき，あなたの言いぶんや希望を聞いてくださいますか． M-7　あなたの先生は，一緒に遊んだり，話しかけてくださいますか． M-8　あなたの先生は，授業中面白いことをいって笑わせますか．

（出所：佐藤静一・篠原弘章　1976　学級担任教師の PM 式指導類型が学級意識及び学級雰囲気に及ぼす効果—数量化理論第Ⅱ類による検討—　教育心理学研究，24）

学級意識や学級雰囲気に関連していたが，とくにM機能との関連が強かった。しかし，M機能のうえにP機能が結合すると効果は大きくなっていた。小学生を対象にした教師のリーダーシップ研究では，M型のリーダーシップを求める子どもが多く，実際にも学級の連帯意識や学習意欲などに影響するという傾向がみられるが，中学生や高校生になると相対的にP機能を求める傾向が強くなってくる。ここでの類型とは，子どもから見てその教師がどのタイプのリーダーシップをとっているかということであり，教師自身の自己認知ではない。実際，子どもから見た教師認知と教師自身の認知とでは必ずしも一致しないという結果がある。

このPM型については，集団を対象にしたリーダーシップという視点として考えるだけではなく，個々の子どもへのかかわり方として，つまりP的かかわり，M的かかわりというように教師の子どもへのかかわり方として見ていくことも可能である。厳しい教師の指導に子どもがついていくかどうかは，教師と子どもとの間にしっかりとした信頼関係ができているかどうかで決まるということにも通じる。

(2) **教師期待効果**

教師が子どもに期待することが子どもにどのように影響するだろうか。ローゼンタール（Rosenthal, R.）とジェイコブソン（Jacobson, L.）は新学期のはじめに，小学生に対してどの子どもが将来伸びる可能性があるかを判定するテストというふれこみで，実はたんなる知能テストを実施した。その後各クラスからランダムに2，3人子どもを選んで，その子どもは将来学力が伸びるという結果になっていると担任教師に告げられた。8カ月後に将来伸びると告げられた子どもたちのうち，1年生と2年生において知能検査結果が実際に伸びる傾向がみられた。図6.3はその結果である。

このように，教師が伸びることを期待した子どもが実際に伸びることをローゼンタールたちは「ピグマリオン効果」と呼んだ。彫刻の得意なピグマリオン王が自分の彫った婦人像に恋をして，命を与えてほしいとねがったのを憐れに思ったアプロディーテーがその像に命を与え，2人はめでたく結婚したという

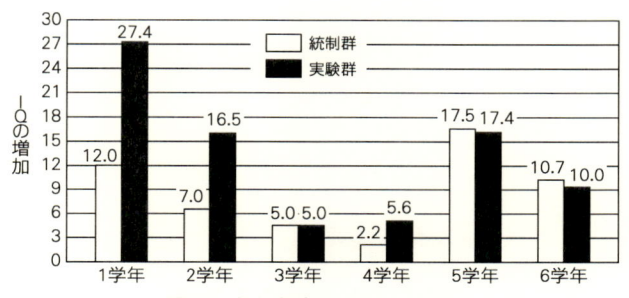

図 6.3　教師期待による IQ の増加
(出所　Rosenthal, R., Jacobson, L.　1968　Pygmalion in tha classroom. N. Y.：Holt, Rinehart Winston)

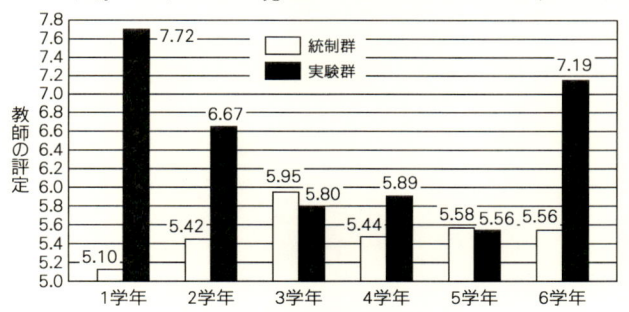

図 6.4　教師による知的好奇心の評定
(出所：Rosenthal, R., Jacobson, L.　1968　*Pygmalion in the classroom*. N. Y.：Holt, Rinehart Winston)

ギリシャ神話にちなんだものである。とくに，高い期待をかけてそれにしたがって子どもの学力などが上がることを「ギャラティア効果」と呼び，低い期待にそって学力など下がることを「ゴレム効果」と呼んでいる。

　なぜこのようなことが生じるのであろうか。図 6.4 は，教師の期待が高い子どもとそうでない子どもとの知的好奇心の評定結果である。教師は期待がかけられている子どものほうが知的好奇心が高いと考える傾向がみられる。さらにブロフィー（Brophy, J.E.）とグッド（Good, T.L.）は，高い期待がかけられている子どもと低い期待しかかけられていない子どもへの授業中の教師の態度に違いがあることを見いだしている。表 6.2 からは，教師は期待の高い子どもの発言などには適切なフィードバックを与えているのに対して，期待の低い子どもには不適切なフィードバックやフィードバックもないなど，教師の対応が異なる

表 6.2 教師期待の伝達に関係する変数における期待群差

測　　　度	低期待群	高期待群
正答が賞賛された割合	5.88	12.08**
誤答が叱責された割合	18.77	6.46***
誤答に対して，質問が繰り返されたり，言いかえられたり，ヒントが与えられたりした割合	11.52	27.04*
読み方の困難性に対して，質問が繰り返されたり，言いかえられたり，ヒントが与えられたりした割合	38.37	67.05***
回答（正答でも誤答でも）に対して，なんらフィードバックが与えられなかった割合	14.75	3.33***

注：＊$p<.10$　　＊＊$p<.05$　　＊＊＊$p<.01$
(出所：Brophy, J.E. & Good, T.L.　1970　Teacher-Student Relationships-causes and consequences　浜名外喜男・蘭千壽・天根哲治訳　1974　教師と生徒の人間関係　北大路書房より構成）

ことがわかる。こういう事態が日常的に生じていると考えると，その積み重ねが大きな効果をもたらしているのであろう。ただ，このことについて教師自身は意識していないことが多いのである。

(3) 教師の特性と期待

　教師はいろいろな情報や自分自身の観察から，子どもに対してある印象をもち期待をもつことは当然であるが，それが期待効果として影響するにはそれなりの働きかけがあるからである。期待に対して強く影響されてしまうと悪影響を及ぼしかねない。古城和敬らは，教師の権威主義的傾向の強さが子どもの成績の良し悪しについての原因の求め方（原因帰属の仕方）に影響するかどうかについて研究を行っている。その結果，権威主義的な教師は期待の高い子どもが良い成績をとった場合，その理由を子どもの能力に帰属させる一方で，期待の低い子どもが良い成績をとった場合，子どもの運に帰属させる傾向が強いということがわかった。

　ババッド(Babad, E.)らは，ゆがんだ情報の影響を受けやすい教師かどうかが期待の効果に違いをもたらすかどうかを検討している。教師に対して高い期待がかけられる子どもか低い期待しかもてない子どもかについての偽りの情報が与えられた後で，子どもに対する教師の行動やテスト結果を比較した。それ

によると，ゆがんだ情報の影響を受けにくい教師は，期待の高低にかかわらずどの子どもたちにも望ましい行動がとれていたが，ゆがんだ情報の影響を受けやすい教師は，期待の低い子どもに対しては望ましくない行動をとる傾向が高くなった。運動能力テストの結果もそれを反映して，ゆがんだ情報に影響されやすい教師の指導のもとでは，期待の低い子どもは低い結果になった。

　高い期待をかけられることで子どもの達成動機を高め，自己効力感や自尊感情を高め，よい結果に導くことはよくあることであるが，高すぎる期待に応えきれない子どもが，期待に応えきれなくなってストレスを溜めてしまう場合がある。逆に期待がかけられないために十分に伸びていかないこともある。期待をかけることは必要なことであるが，どの子どもに対しても公平で適切なかかわりができることが求められていることを示唆している。

3　教師の子ども理解
(1) 子どもの理解を阻害する要因

　人を理解しようとする場合，その人のある側面を見てその他の特徴を推し測ってしまうようなことがある。たとえば，字がきれいだと学業成績がよいだろうと判断してしまうような場合である。教師の場合，学業成績のよい子どもや規則を守り従順な子どもは「よい子」ということになり，性格や行動面など他の面でも肯定的に見てしまうことがある。このような現象のことを光背効果（halo effect）という。神様や仏様が尊く見えるのは後光や光背があるからだ，ということからこのように呼ばれている。逆もあり，身なりが悪い子や学業成績のよくない子，反社会的な子などは，性格なども否定的に見られてしまうことがある。

　社会的スキルの低い子どものタイプとして，攻撃行動を多くとる子どもと引っ込み思案な子どもがあげられる。教師は攻撃的な行動，反社会的な行動に注目するのに対して，心理学者は引っ込み思案の子ども，非社会的な子どもに注目するといわれている。前者の場合はよく目立つので教師には気づかれやすいが，後者の場合は，逆におとなしくてよい子という印象をもってしまう危険性

がある。

　先入観をもって子どもを理解してしまうこともある。いったんある子どもに対する印象ができあがってしまうと，それ以降もその理解のしかたが変わらないで継続してしまうことがある。子どもを正確に理解することは難しいことではあるが，できるだけ種々の手がかりを使って多面的に理解することが求められる。

(2) 子どもの理解の方法

　先述したように，教師が子どもを理解することは教師にとって最も重要なことである。子どもの理解の仕方の立場・方法について内藤勇次は，「印象的・主観的理解」「科学的・客観的理解」「人間的・共感的理解」の３つの立場に分けている（表 6.3）。一般的には，われわれは印象的・主観的理解によって他の人を理解している。日常的にはこの理解で問題がないことが多いが，教育という場においては，もっと客観的に子どもを理解することが求められている。たとえば，テストをして子どもの学力を見ようとするのは科学的・客観的理解である。これは，教師がどういう側面について知りたいかについての視点をあらかじめ決めておいて，テストをしたり観察をしたりすることによって理解しようとする立場である。教育という場では最もよく用いられる方法である。これから指導しようとする子どもの状況を理解したり，指導した結果について，それぞれの子どもの達成度を評価しようとすることなどが中心的なことになる。教育評価の典型的な手法といえる。他の子どもと比較して目標に達していない子どもに対しては，その目標を達成できるような働きかけが続くことになる。

　人間的・共感的理解というのは，見られる側，つまり子どもの側の内面的尺度で理解しようとするものであり，その子ども独自の思いを汲み取ろうとする理解の仕方である。子どもが悩みをもったり，学校や学級に適応することに困難さをかかえている場合には，このような理解の仕方が求められる。一方的に教師の考えを伝えたり忠告をするのではなく，子どもの気持ちをありのままに理解するのである。子どもの悩みに対して，他の子どもを引き合いに出しながら，その悩みはそれほど深刻ではないというような理解の仕方をすると，子ど

表6.3 生徒理解の立場と特徴の比較

立場・方法	観点	要素	尺度・基準	対象把握態度	はたらきかけ	特徴
印象的・主観的理解	一面的	印象的 直感的 外面的 経験的	見る側の主観的尺度で	（見る側に都合よく理解）何らかの形で，利害に関係のある部分について自己中心的に把握	自分の利益のために，相手を利用しようと，相手にはたらきかけることが多い。	不安定な主観的な
科学的・客観的理解	多面的	知的 分析的 因果的 合理的 解釈的	見る側の決めた客観的尺度で	（外から冷静に正しく理解）人間の共通性，一般性のうえにその人について距離を保ちながら客観的，科学的に把握	相手を変えようとする操作に発展し，一方的なはたらきかけが強くなる。	冷静な正しい
人間的・共感的理解	関係的	感情的 関係的 了解的 自他体験的 洞察的	見られる側の内面的尺度で	（相手の身になって深く理解）独自性をもった個人を，その人そのものとして，その人とともに，みきわめ，取り組んでいく態度	関係のなかで，自分も相手も変わっていく。相互関係的・対話的	温かい深い

（出所：内藤勇次 1983 生徒指導の心理 富本佳郎・古畑勝彦編著 教育心理学 福村出版）

もは「この教師はわかってくれない」という気持ちになってしまうことがある。外から見てそれほどたいしたことには見えなくても，その子どもにとっては大きな問題として悩んでいることがあるからである。そのことが「見られる側の内面的尺度」ということである。また，子どもが語る悩みは，そのものが問題ではなく，話を聴いているうちにもっと別の本質的な問題が出てくることがある。そのためには，ゆっくりと話を聴く態度が要求されるし，その態度によって子どもは安心して教師に自分の思いを語ろうとするようになるのである。

　教師がいつも共感的理解によって子どもを理解していなければならないということではない。学校では日常的には印象的・主観的理解であったり，科学的・客観的理解によって子どもを理解している。しかし，ときには子どもの状態によって，人間的・共感的なかかわりをしなければ子どもの本当の気持ちが理解できない場面がある。

4 教師集団の課題

「一国一城の主」と揶揄されるように,とくに小学校の教師はある学級の担任になると,すべてをひとりに任される。逆に他の学級については不干渉であるかのようなかたちになる。この体制はいったん学級に問題が生じたときには,その解決に大きな障害になることがある。たとえば,現在問題になっている学級崩壊という現象が起こったとき,その原因を担任教師がもっていることが多いので担任の教師だけで解決することは困難である。また,学級に不適応を起こしている子どもがいたとしたら,担任だけで対応することは難しい場合が多い。特別支援教育においても,指導上とくに配慮の必要な子どもに対しては,学校全体で対応することが求められている。教師同士が常に連携を取り合って子どもとかかわることが求められている。学校がひとつの目標に向かって教師全員で力を合わせて取り組むときには,難しい問題も解決されることが多い。

保健室には現在多くの子どもたちが出入りするようになっている。その理由は,たんに身体的な病気や怪我が理由ではなく,こころの癒しを求めて来る子どもが増えているからである。一見,身体的な理由で保健室を訪れる子どもでも,実際にはこころの問題をかかえて来る場合が多い。最近は,スクールカウンセラーが配置され,スクールカウンセラーのところに来る子どももいる。そういう子どもについて学校としてどう処遇するかが問題である。スクールカウンセラーの場合は守秘義務があるので,他の教師と相談することは難しい。もちろん,保健室に来る子どものことも,内容によっては秘密を守る覚悟が必要である。そうしないと,子どもは安心して自分の悩みを話すことができないからである。しかしそれはそれとしても,保健室やスクールカウンセラーが他の教師としっかりとした連携をとりながら,子どもたちの問題に取り組んでいかなければ,本質的な解決につながっていかない。このような子どもたちの問題に学校全体として対応できるような仕組みをつくり,教師が協力して問題に対処できるような管理職のリーダーシップが求められている。　　【小石　寛文】

参考文献

〔1節〕

渕上克義　1992　学校組織の人間関係　ナカニシヤ出版

狩野素朗・田崎敏昭　1990　学級集団理解の社会心理学　ナカニシヤ出版

蘭　千壽・古城和敬　1996　教師と教育集団の心理　誠信書房

〔2節〕

浜名外喜男・蘭　千壽・古城和敬　1988　教師が変われば子どもも変わる──望ましいピグマリオン教育のポイント──　北大路書房

前田嘉明・岸田元美監　1986　教師の心理1　有斐閣選書

前田嘉明・岸田元美監　1987　教師の心理2　有斐閣選書

小川一夫編　1985　学校教育の社会心理学　北大路書房

演習問題

〔1節〕

1　子どもの学びに及ぼす学習集団の影響についてまとめよ。

2　学習集団の理解の仕方の枠組みについて整理せよ

3　よりよい学習集団づくりの工夫をまとめて解説せよ。

〔2節〕

1　教師のリーダーシップのあり方を整理せよ。

2　教師期待効果が生徒の学びに及ぼす影響について解説せよ。

3　教師集団のあり方について意見を述べよ。

索　引

あ

IQ　65
アイゼンク，H.J.　71,84
愛着　51
アイルソン，J.　139
アインズワース，M.D.S.　51
アスペルガー症候群　97
遊び　54
アタッチメント　51
アニミズム　43
アロンソン，E.　151
いじめ　78
遺伝優位説　31
イド　81
インクルージョン　95
インテグレーション　95
ヴィゴツキー，L.S.　37
ウェクスラー，D.　64,68
ウェンガー，E.　157
ウォッシュバーン，C.W.　37
ウォリス，G.　67
ウォルピ，J.　84
内田・クレペリン精神作業検査　73
エクササイズ　164
MMPI　72
エリクソン，E.H.　29,30,60,157
エルキンド，D.　38
LTD話し合い学習法　119,153
応答的環境　35
オーズベル，D.P.　119,149
オープン・エデュケーション　142
オペラント条件づけ　85,109,136
オルポート，G.W.　70

か

外発的動機づけ　100,106
カウンセリング　81
拡散的思考　67
学習　107
学習集団　156
　　——の構造　160
学習障害（LD）　96
学力　124
梶田叡一　122,140
春日武彦　26
仮説実験授業　147
片野智治　163
学級崩壊　174
学校教育相談　85
狩野素朗　158
川上昭吾　150
感覚運動期　41
環境閾値説　33
環境優位説　32
観察学習　111
完全習得学習　140
寛大効果　132
観点別評価　130
記憶　111
記憶蓄積法　127
キム，H.　141
キャッテル，R.B.　30,68
キャロル，J.B.　140
ギャング・エイジ　55
ギャング・グループ　55,56
教育相談　85
教育評価　125
教育目標の分類学　131,141
教師期待効果　133,168
教師集団　174
教師－生徒関係　165
教師の子ども理解　171
教師のリーダーシップ　166
協同学習　151
キリアン，M.R.　117
キルパトリック，W.H.　145
ギルフォードJ.P.　66
均衡説　33
具体的操作期　44
グッド，T.L.　169
クライエント中心療法　82
クレッチマー，E.　70
クロンバック，L.J.　135
形式的操作期　46
形成的評価　126,141

系列位置効果　113
ゲゼル，A.　31,36
結晶性知能　30,68
研究的実践　20
言語習得の理論　50
言語のはたらき　49
言語の発生　50
言語の発達　49
検査実施法　127
高機能自閉症　97
構成的エンカウンター　163
行動療法　84,109
光背効果　132,171
交流分析　85
刻印づけ　34
国分康孝　163
古城和敬　170
個人差　25,64
個人内評価　129
古典的条件づけ　84,107
子どもの理解　172
小林小夜子　62
個別教育計画（IEP）　136
駒崎勉　70
コメニウス，J.A.　146
コリンズ，A.M.　117
コールバーグ，L.　47
コンフリクト　76

さ

作業検査　71,72
作品法　127
サーストン，L.L.　66
佐藤正二　121
佐藤静一　167
佐藤学　139
サマランカ声明　95
CAI　138
シェアリング　164
ジェイコブソン，L.　168
シェイピング　110,137
ジェンセン，A.　32
塩田芳久　151
自我　81
自我同一性の確立　60
ジグソー学習　151
自己意識の発達　59
自己決定権　103

自己実現　75
自己中心性　43,60
自己評価　132
自己有能感　102
自然観察法　127
質問紙法　71,72
児童期の仲間関係　55
篠原弘章　167
シモン，T.　65
社会的学習　110
社会的スキル　121
　──訓練　85,121
習熟度別指導　139
集団準拠評価　129
集中的思考　67
授業評価　132
シュテルン，W.　32
状況的学習論　157
条件反射　108
初期経験　34
診断的学習　126
診断的評価　141
進野智子　62
信頼性　24,73,130
心理-社会的段階論　29
心理社会的モラトリアム　60
心理・社会的欲求　74
心理的離乳　60
スキナー，B.F.　50,85,109,136
スキーマ　120
スキルの獲得　121
スクールカウンセラー　86,174
スクールカウンセリング　86
鈴木敏恵　145
スタンフォード・ビネーテスト　65
スティーヴンス，L.　143
スティーヴンソン，H.W.　34
スティペック，D.　103
スピアマン，L.S.　66
精神年齢　65
精神分析　81
青年期の仲間関係　55
生理的欲求　74
絶対評価　129
宣言的知識　116
先行オーガナイザー　119,150
前操作期　42
総括的評価　141

早期教育　38
相互評価　132
操作　40
創造性　67
相対評価　129
ソシオ・マトリックス　160
ソシオグラム　160
ソシオメトリー　159
ソシオメトリック・テスト　159

た

第一反抗期　59
第二反抗期　60
多因子説　66
田崎敏昭　158
ダッジ，K.A.　57
妥当性　24,73,130
田中熊次郎　160
WISC-R　65
WIPPSI　65
WAIS　65
ターマン，L.M.　65
短期記憶　112
知識の獲得　118
知識の変容　120
遅滞模倣　42
知的好奇心　101
知的発達　39
知能　64
　　──の構造　65
　　──の発達的変化　68
知能検査　65
チャム・グループ　56
注意欠陥多動性障害（ADHD）　96
長期記憶　113
超自我　81
直線型プログラム　138
チョムスキー，N.A.　51
通級による指導　91
TAT　73
ティーチング・マシン　136
デカルト，R.　157
適正処遇交互作用（ATI）　25,135
デシ，E.　103
テスト・バッテリー　73
テストの実施法　134
手続的知識　118
転移　111

投影法　71,72
動機づけ　74,99
道具的条件づけ　109
道徳性　47
特殊学級　90
特性論　71
特別支援学級　87
特別支援学校　87
特別支援教育　87
特別ニーズ教育　95
ド・チャーム，R.　103
トンプソン，H.　31

な

内発的動機づけ　101
中澤潤　54
仲間関係　54
喃語　50
２因子説　66
認知行動療法　85
認知発達段階論　29
ノーマライゼーション　95

は

ハヴィガースト，R.J.　29
バウムテスト　73
パヴロフ，I.P.　108
バズ学習　151
バズセッション　151
パーソナリティ　69
　　──検査　71
波多野誼余夫　35
発見学習　146
発達加速現象　33
発達課題　29
発達の最近接領域　37
バート，C.　69
ハートレイ，E.L.　161
ハートレイ，R.E.　161
バートレット，F.C.　120
ババッド，E.　170
ハラム，S.　139
バーン，E.　85
バンデューラ，A.　110
ハント，J.McV.　35,37
ピア・グループ　56
ピアジェ，J.　29,33,40,47
PM理論　166

ピーク，L.　60
ピグマリオン効果　132,168
ビネー，A.　65
ビネー・シモン式知能検査　65
評価の方法　127
平野朝久　143
ヒル，W.F.　153
広田君美　161
輻輳説　32
フーコー，M.　157
不登校　77
フラストレーション　75
フラストレーション耐性　76
ブリーフセラピー　85
ブルーナー，J.S.　37,38,146
ブルーム，B.S.　35,119,131,140
プレッシー，S.L.　136
フロイト，S.　35,81
プログラム学習　136
　　——の基本的原理　137
プロジェクト法　145
プロフィー，J.E.　169
分岐型（枝分かれ型）プログラム　138
ベック，A.T.　85
防衛機制　82
忘却　114
ボウルビー，J.　51
保坂亨　56
母性略奪　36
保存　44
ポートフォリオ　128
ホワイト，R.　166
ホーン，J.L.　30

ま

マイケンバウム，D.H.　85
マズロー，A.H.　74
マターナル・デプリヴェーション　36
松原達哉　78
三隅二不二　166
ミラー，G.A.　112

無意識　81
メタ認知　118,134
盲・聾・養護学校　90
目標準拠評価　129
モレノ，J.L.　159
モンテマイヤー，R.　59

や

役割取得　43
有意味受容学習　119,148
友人関係　54
ユング，C.G.　70
幼児期の仲間関係　54
欲求　74
　　——の階層　74

ら

リピット，R.　166
流動性知能　30,68
臨界期　35
類型論　70
ルイス，M.　59
ルソー，J.J.　146
ルーブリック　130
ルーマン，N.　157
レイヴ，J.　157
レイナー，R.　108
レヴィン，K.　76
レスポンデント条件づけ　107
レディネス　36
　　——をつくり出す教育　36
　　——を待つ教育　36
ロジャース，C.R.　82
ローゼンタール，R.　133,168
ロック，J.　40
ロールシャッハテスト　73
ロレンツ，K.　34

わ

Y-G性格検査　72
ワトソン，J.B.　32,108,157

シリーズ編集代表

三輪　定宣（みわ　さだのぶ）

第4巻編者

杉江　修治（すぎえ　しゅうじ）

　　　1948年生まれ
　　　中京大学教授，博士（教育心理学）
　　　主要著書　『バズ学習の研究』風間書房　1999
　　　　　　　　『子どもの学びを育てる少人数授業―犬山市の提案』明治図書
　　　　　　　　2003
　　　　　　　　『大学授業を活性化する方法』（共著）玉川大学出版部　2004
　　　　　　　　『協同学習入門』ナカニシヤ書店　2011，ほか

［教師教育テキストシリーズ4］
教育心理学

2007年4月20日　第1版第1刷発行
2012年10月10日　第1版第2刷発行

　　　　　　　　　　　　　　　　編　者　杉江　修治

発行者　田中　千津子　　〒153-0064　東京都目黒区下目黒3-6-1
　　　　　　　　　　　　電話　03（3715）1501 代
発行所　株式会社 学文社　FAX　03（3715）2012
　　　　　　　　　　　　http://www.gakubunsha.com

©Shuji SUGIE2007　　　　　　　　　　印刷　新灯印刷
乱丁・落丁の場合は本社でお取替えします。
定価は売上カード，カバーに表示。

ISBN 978-4-7620-1654-7

教師教育テキストシリーズ
〔全15巻〕

編集代表　三輪　定宣

第１巻	教育学概論	三輪　定宣 編
第２巻	教職論	岩田　康之・高野　和子 共編
第３巻	教育史	古沢　常雄・米田　俊彦 共編
第４巻	教育心理学	杉江　修治 編
第５巻	教育社会学	久冨　善之・長谷川　裕 共編
第６巻	社会教育	長澤　成次 編
第７巻	教育の法と制度	浪本　勝年 編
第８巻	学校経営	小島　弘道 編
第９巻	教育課程	山﨑　準二 編
第10巻	教育の方法・技術	岩川　直樹 編
第11巻	道徳教育	井ノ口淳三 編
第12巻	特別活動	折出　健二 編
第13巻	生活指導	折出　健二 編
第14巻	教育相談	廣木　克行 編
第15巻	教育実習	高野　和子・岩田　康之 共編

各巻：A5判並製カバー／150〜200頁

編集方針
① 教科書としての標準性・体系性・平易性・発展性などを考慮する。
② 教職における教育学の魅力と重要性が理解できるようにする。
③ 教職の責任・複雑・困難に応え，その専門職性の確立に寄与する。
④ 教師教育研究，教育諸科学，教育実践の蓄積・成果を踏まえる。
⑤ 教職にとっての必要性・有用性・実用性などを説明・具体化し，現場に生かされ，役立つものをめざす。
⑥ 子どもの理解・権利保障，子どもとの関係づくりなどが深められるようにする。
⑦ 教育実践・研究・改革への意欲，能力が高まるよう工夫する。
⑧ 事例，トピック，問題などを随所に取り入れ，実践や事実への関心が高まるようにする。